留学生のための

漢字の教科書

Kanji **Textbook**
for Japanese Language Learners

初級 **300**

300 Kanji for Beginner Level

インドネシア語・ミャンマー語・ネパール語・シンハラ語 版
Bahasa Indonesia မြန်မာဘာသာစကား नेपाली සිංහල

佐藤　尚子
佐々木仁子 著

国書刊行会

JN039613

解答について

この本の解答は、国書刊行会ホームページからダウンロードできます（PDFファイル）。本に解答は付属していません。また、専用ウェブサイトからも、解答を確認することができます。

国書刊行会ホームページ
解答PDFダウンロードのサイト
https://www.kokusho.co.jp/kaito/9784336075840/

解答確認用ウェブサイト
https://www.kokusho.co.jp/japanesetext/

この本をお使いの指導者の方々へ

本書では、授業にお使いいただける、以下の授業用補助教材を用意しています。
「漢字書き取り＆練習問題解答用シート」
授業での使用、課題提出などにご活用いただけます。
ご利用には申請が必要です。以下のページに掲載してある申請フォームからお申し込みください。

https://pro.form-mailer.jp/fms/d9aff8ab304866

はじめに

2009年に『留学生のための漢字の教科書初級300』を、そして、2014年に改訂版を刊行しました。初版の刊行以来、時間がたち、時代に合わなくなっている語や場面が出てきています。このたび、多くの学習者が学びやすいように改訂を行いました。今回の改訂では、２色刷りにし、文字もユニバーサルデザインフォントの教科書体を使用し､見やすくしました。また､各課に「ふりかえり」を、５課ごとの「まとめ問題」には「書き取り問題」と「チャレンジ問題」を設け、漢字学習を進めやすくしました。

今まで、５か国語（英語・中国語・韓国語・インドネシア語・ベトナム語）の翻訳を載せていましたが、今回は、本を２つに分け、「英語・中国語・韓国語・ベトナム語」と「インドネシア語・ミャンマー語・ネパール語・シンハラ語」の翻訳を載せている教科書を作りました。

日本語を習得するためには、漢字の学習が不可欠です。日本語の勉強を始めたときから、少しずつ、確実に漢字を学習していくと、中級以上の日本語の学習も楽に進めることができます。一方、漢字の習得には長い時間が必要です。漢字習得の効率的な方法についての研究がいろいろ行われていますが、結局は、繰り返し読んで、何回も書くという昔ながらの方法に落ち着くようです。また、非漢字圏の学習者は、漢字の認知の仕方が、漢字圏の学習者とは異なり、漢字のそれぞれの部分を一つのまとまりとして認知するのが難しいという問題があります。

このような問題を踏まえ、初級の漢字の学習に本当に必要な要素だけを取り入れた教材が本書です。

本書の作成にあたり、広く使われている複数の初級教科書や資料にあたり、語彙を検討し、漢字300字を決定しました。初級レベルの漢字を学習するうえで必要となる漢字と、その読み、語彙を集めてあります。きちんと漢字が書けるようになるために、筆順も載せてあります。また、漢字は初級レベルで、読みを中級レベルで学習するものをまとめ、付録として載せました。

既刊の『留学生のための漢字の教科書　中級700』『留学生のための漢字の教科書　上級1000』と合わせて、本書がみなさんの漢字学習に役に立つことを祈っております。

2024年１月

佐藤尚子・佐々木仁子

目<ruby>もく</ruby> 次<ruby>じ</ruby> Contents

本書の特徴 Features of this book

✳『留学生のための漢字の教科書　初級 300』の特徴

この本は、初級レベル（日本語能力試験 N4、N5 ＝旧 3、4 級レベル）で必要な漢字 300 字について書いたものです。今までの漢字の教科書は、取り上げられている漢字はいろいろなデータに当たって、適切に選ばれているものが多かったのですが、取り上げられている読みと語彙については、その基準がわからないものがあり、勉強している人から「この読みはどんなときに使うのですか」という質問が出ることがよくありました。この本では、独立行政法人 国際交流基金、財団法人 日本国際教育協会『日本語能力試験 出題基準【改訂版】』（2006 年、凡人社。以下、『出題基準』と表す）をもとに、初級で必要な漢字 300 字と必要な読み、語彙を選び、教科書にしました。また、筆順がなければ正しく書けない人が多いことから、すべての漢字の筆順を載せました。

✳本書の構成

15 の課と 3 つの「まとめ問題」からなります。1 課で 20 字ずつ勉強します。各課は 4 つの部分に分かれています。

✳各課の構成

導入部、漢字の提示、「よみましょう」、「かきましょう」、練習からなります。導入部に提示されている漢字・語彙は、各課に出ている語彙のすべてを示してはいません。漢字の読みは音訓の順に並んでいます。音はかたかな、訓はひらがなで表します。

漢字の読みは、名詞・い形容詞・な形容詞・動詞（自動詞・他動詞）・副詞・特殊読みの順に並んでいます。

1 人 ① ② ③ ⑤
2画 〔人〕④ ノ 人
orang | လူသား | मानव जाति | මිනිසා ⑨

⑥ジン
　ニン
⑦ひと
⑧○○

⑩
- 日本人 orang Jepang | ဂျပန်လူမျိုး | जापानी | ජපන් ජාතිකයා
- ～人 ～ orang | ～ယောက် | ～देशको (राष्ट्रियता) | පුද්ගලයින් ～ක්
- 人 orang, manusia | လူ | मानव | පුද්ගලයා, මිනිසා
- 大人 dewasa | လူကြီး | वयस्क | වැඩිහිටි පුද්ගලයා
- 一人 seorang | တစ်ယောက် | एक जना | එක් පුද්ගලයෙක්
- アメリカ人 orang Amerika | အမေရိကန်လူမျိုး | अमेरिकी, अमेरिकन | ඇමරිකන් ජාතිකයා
- 人形 boneka | လူပုံစံအရုပ် | खेलौना पुतली | බෝනික්කා
- 人々 orang-orang | လူအများ | मानवहरू | මිනිස්සු
- 二人 dua orang | နှစ်ယောက် | दुइ जना | පුද්ගලයින් දෙදෙනෙක්

人 人 人

① 通し番号　② 漢字　③ 画数　④ 部首
⑤ 書き順　⑥ 音読み　⑦ 訓読み　⑧ 特別な読み
⑨ 漢字の意味（インドネシア語、ミャンマー語、ネパール語、シンハラ語）
⑩ 語彙とそのインドネシア語訳、ミャンマー語訳、ネパール語訳、シンハラ語訳

漢字・読み・語彙・部首の選択

漢字：『出題基準』に示されている旧3、4級の漢字284字から279字と旧2級の漢字の中から21字、計300字を載せました。初級レベルとした旧2級の漢字は語彙のレベルが初級であることを根拠にしました。旧3級の漢字のうち、中級で扱う漢字5字を表1（p.12、『留学生のための漢字の教科書 中級700』に収録）、本書で扱う旧2級漢字21字を表2（p.12）に示しました。

読み：「改定常用漢字表」に示されている読みの中で、旧3、4級語彙で使われているものを載せました。

「有」には「ある」という読みが「改定常用漢字表」にはありますが、実際にはあまり使用されないため読みから除きました。

初級の読みのうち、本書で扱わず『中級』で扱う読みは表3（p.12）、本書で採用した中級の読みは表4（p.12）に掲載してあります。

語彙：原則として『出題基準』で旧3、4級の語彙とされているものの中から選びました。旧1、2級および常用漢字表外の漢字が含まれている語彙でも、旧3、4級のものは採用しました（表5、p.13）。その際、旧1、2級および常用漢字表外の漢字にはルビ（読み方）をつけました。

　各課のトピックの関係上、および、適当な語彙が不足している場合は、旧3、4級以外の語彙を採用しました。採用したものは次の2種類です。

　①旧1、2級の語彙から選んだもの（表6、p.13）
　②語彙リスト以外から選んだもの（表7、p.14）

　問題文で使用しているかたかな語には、旧1、2級の語彙や、『出題基準』に含まれていない語彙がありますが、日常生活でよく使われるものなので採用しました。また、本書では、名詞ではあるが、文の中で形容詞のように使われる語には、「お金持ちの」「半分の」のように「の」をつけています。

部首：原則として『康熙字典』（DVD-ROM版、2007年、紀伊國屋書店）によりました。ただし、旧字体と部首が異なる場合は、『角川 大字源』（1992年、角川書店）によりました。また、部首の読みについては『大漢語林』（1992年、大修館書店）を参照しました。

練習問題：各課には、5字ごとに「よみましょう」「かきましょう」が、各課の最後に、「れんしゅう」があります。また、5課ごとに「まとめもんだい」があります。

　「まとめもんだい」には、漢字を読んだり書いたりする問題、筆順に関する問題などのほか、音声を聞いて書く「書き取り問題」と「チャレンジ問題」があります。「チャレンジ問題」では、本書には採用されていませんが、独立行政法人国際交流基金・公益財団法人日本国際教育支援協会編著『日本語能力試験公式問題集』（2012年）と『日本語能力試験公式問題集 第二集』（2018年）の「N5」「N4」「N3」から抽出した語を出題しています。

Features of this book

※ *Kanji for International Students—Basic 300* **Major features**

This textbook includes 300 *kanji* characters required for Japanese Language Proficiency Test N4, N5, former Level 3 and Level 4. Unlike in many previously published *kanji* textbooks, the emphasis is put on the proper choice of vocabulary to illustrate character readings used under different circumstances rather than on *kanji* characters alone. The stroke order of every *kanji* character is also explained to enable proper writing habits. The characters and their readings in this textbook are selected based on *Japanese Language Proficiency Test: Test Content Specifications (revised ed.)* created and edited by the Japan Foundation and Association of International Education, published by Bonjinsha, 2006.

※ Structure

This textbook comprises 15 lessons and three comprehensive tests. Each lesson is divided in four parts and introduces 20 new *kanji* characters.

※ Lessons

Each lesson contains the introduction, the presentation of characters, the reading part, the writing part and exercises. The *on* readings of the newly introduced characters are given in *katakana* and their *kun* readings are given in *hiragana*. The readings are arranged in the following order: nouns, *i* adjectives, *na* adjectives, verbs (intransitive, transitive), adverbs, irregular readings. The *kanji* and vocabulary which are presented in the introduction do not include all characters which are given in the presentation.

※ Explanatory notes

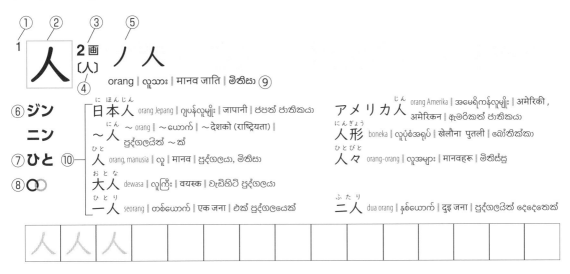

① *Kanji* number ② Character ③ Number of stroke ④ Radical
⑤ Stroke order ⑥ *On* readings ⑦ *Kun* readings ⑧ irregular readings
⑨ Meaning (Indonesian, Burmese, Nepali, Sinhala)
⑩ Vocabulary and its translation

✳ Selection of *kanji*, readings, vocabulary and radicals

Kanji

279 former Level 3 *kanji* and former Level 4 *kanji*, and 21 former Level 2 *kanji* were selected from *Test Content Specifications*. The twenty-one former Level 2 *kanji* were chosen because they appear in basic vocabulary. On the other hand, five former Level 3 and former Level 4 *kanji* were omitted from this textbook since they are introduced in *Kanji for International Students—Intermediate 700*. The omitted and the added *kanji* are contained in separate tables in this textbook. The five Level 3 *kanji* taught at the intermediate level in *Kanji for International Students—Intermediate 700* can be found in Table 1 (p.12), and the twenty-one former Level 2-*kanji* introduced in this textbook can be found in Table 2 (p.12)

Readings

Kanji readings given in this textbook are limited to those used in former Level 3 and Level 4 vocabulary.

For example, the reading *aru* in case of the character 有 is omitted, because of occurance with this reading is very low. Several basic level *kanji* readings are not introduced in this textbook, but are introduced in *Intermediate 700* instead. Those readings are listed in Table 3 and Table 4 (p.12).

Vocabulary

The selection of the vocabulary were made based on *Test Content Specifications* for former Level 3 and Level 4, even though the *kanji* alone were either in former Level 1 and Level 2 or were not included in the List of *Jōyō Kanji* announced by Ministry of Education, Culture, Sports, Science & Technology (Table 5, p.13). In that case the reading of the relevant *kanji* is indicated by small *kana* letters above it. Vocabulary beyond former Level 3 and Level 4 was employed when it was necessary for the relevant topic. It can be divided into two groups: (1) vocabulary from former Level 1 and Level 2 (Table 6, p.13) and (2) vocabulary not contained in the vocabulary list (Table 7, p.14). Loan (or *katakana*) words which are not included in former Level 1 and Level 2 vocabulary list, but were considered important in everyday life also appear in examples or exercises. In this book, we add " の " to nouns that are used like adjectives in sentences. Examples: お金持ちの , 半分の .

Radicals

Kanji radicals introduced in this textbook conform to *Kōki jiten* (DVD-ROM version, Kinokuniya, 2007), however, those *kanji* whose current radical is different from its old version are according to *Kadokawa daijigen* (Kadokawa, 1992). The readings of the radicals are explained after *Daikangorin* (Taishūkan, 1992).

Exercises

In each lesson, there are "Let's Read" and "Let's Write" sections after learning 5 *kanji*, and at the end of each lesson, there are "Exercises." There are also "Collective Exercises" after every 5 lessons.

"Summery Exercises" consist of *kanji* reading/writing exercises, questions about the stroke orders of *kanji*, as well as "Dictation Exercises" where you write down what you hear, and "Challenging Exercises.""Challenging Exercises" test your knowledge of words from "Japanese-Language Proficiency Test Official Practice Workbook" (published 2012) and "Japanese-Language Proficiency Test Official Practice Workbook Vol. 2" (published 2018) written and edited by The Japan Foundation/Japan Educational Exchanges and Services, which are not covered in this book.

表1　中級で扱う旧３級漢字（5字）
Table 1　Former Level 3 *kanji* taught at the intermediate level (five characters)

光・太・進・産・民

表2　初級で扱う旧２級漢字（21字）
Table 2　Former Level 2 *kanji* taught at the basic level (twenty-one characters)

寝・府・押・閉・和・取・濯・利・部・号
全・番・米・座・酒・黄・晩・奥・内・鉄・降

表3　本書で採用しなかった初級の読み
Table 3　Basic level *kanji* readings omitted from this textbook

下：ゲ（下宿する）
　　おりる（下りる）　くださる（下さる）　さがる（下がる）　さげる（下げる）
上：あがる（上がる）　あげる（上げる）
田：田舎
木：木綿

表4　本書で採用した中級の読み
Table 4　Intermediate level *kanji* readings included in this textbook

東：トウ
南：ナン
北：ホク

表5　漢字の用例として示した語彙の中で表記の漢字に注意が必要なもの

Table 5　Peculiar *kanji* used in vocabulary examples

① 中級レベルの漢字が含まれる語彙

人形・男性・女性・彼女・二十歳・水泳・お土産・昨日・飛行機・祖父
祖母・主婦・案内する・生徒・一生懸命・留学生・会議・神社・最後の・両方の
紅茶・喫茶店・牛乳・画数・辞書・招待する・支度・教育・練習する
予習する・復習する・放送・友達・両親・切符・郵便局・文章・文法・文化
注射・言葉・平和・引っ越す・専門・退院する・二階建て・荷物・駐車場
会議室・講堂・美術館・最近・床屋・地震・国際・海岸・柔道・道具・市民
事務所・歯医者・心配する・熱心な・乗り換える・散歩する・自由な・交通
普通の・輸入する・輸出する・交番・番組・信号・承知する・授業・卒業する
宿題・経験・具合・理由・趣味・天気予報・空港・全然

② 上級レベルの漢字が含まれる語彙

伯父・叔父・伯母・叔母・一生懸命・誕生日・豚肉・漫画・風邪・興味

表6　旧1、2級の語彙から選んだもの

Table 6　Former Level 1 and Level 2 vocabulary included in this textbook

男子・女子・主婦・田・田んぼ・和室・平和・信号・大学院・遠足・海外の

表7　語彙リスト以外から選んだもの

Table 7　*Kanji* other than those from the vocabulary list

中川・ナイル川・田中・山田・画数・学長・東京・東南アジア・東北・北海道・
京都・大阪・〜府

初級漢字300

1課 漢字の 話 About *Kanji*

この課で学ぶこと
What You Will Learn From This Lesson
日本語の漢字の使い方について考えましょう。

① 漢字の使用

日本語では、文を書くとき、次のように「ひらがな」「かたかな」「漢字」「ローマ字」の4つの文字を使っています。

<u>今日</u>、コンビニの ATMで お金を 出しました。
　漢字　　　　かたかな　　　　ローマ字　　ひらがなと漢字　　漢字とひらがな

4つの文字は、語彙の種類によって、使い分けられています。
日本語の語彙は和語、漢語、外来語の3つのグループに分けられます。

1. 和語：日本で生まれた語です。書くときは、漢字(訓読み)、ひらがなを使います。

2. 漢語：古い時代に中国から日本へ伝わった語です。書くときは、漢字(音読み)を使います。

3. 外来語：主に英語やフランス語、ドイツ語などのことばから日本語に取り入れられた語です。書くときは、かたかな、ローマ字を使います。

	和語 words of the Japanese origin	漢語 words of the Chinese origin	外来語 Loan words
a boy	男の子	男子	ボーイ
a girl	女の子	女子	ガール

日本語では、和語、漢語、外来語を場面や文脈などによって使い分けています。日常生活では和語を使うことが多いですが、抽象的なことを表すときや改まった場面では漢語が使われます。大学などで専門について高度な内容を学ぶときには、漢語が多く使われます。また、日本語は発音があまり複雑ではないため、同音異義語が多いです。同音異義語を区別するために、日本人は漢字を利用しています。

日本で社会生活を不自由なく送るために必要な漢字は約2,500字です。日本語能力試験を受けるためには、初級で約300字、中級で約1,000字、上級で約2,000字の漢字が必要です。

漢字を覚えないと、日本語の語彙を増やすことはむずかしいです。日本語が上手になりたい人は、漢字を勉強しましょう。

② 音読みと訓読み

漢字は、中国で生まれた文字です。1,700年ぐらい前に日本に伝わりました。日本には文字がなかったので、日本人は漢字を使って日本語を書くことにしました。そして、中国から伝わった発音も使うようになりました。例えば、漢字「車」の読みは「シャ」です。日本人は「⊛」を「くるま」と呼んでいました。「シャ」も「くるま」も意味は同じです。それで、今、「車」には「シャ」と「くるま」の2つの読みがあります。このように、中国から伝わった発音をもとにしてできた読みを「音読み」、日本で使われていた語を当てた読みを「訓読み」といいます。

ふつう、辞書では、音読みはかたかなで、訓読みはひらがなで書かれています。

	音読み	訓読み
人	ジン、ニン	ひと
男	ダン	おとこ
女	ジョ	おんな
子	シ	こ
車	シャ	くるま

③ 漢字の成り立ち

漢字の成り立ちには、次の4つがあります。形声文字が一番多いです。

1. 象形：ものの形を表したもの

   山、川、田、米、雨

2. 指事：抽象的なことを線や点で表したもの

   一、二、三、上、中、下

3. 会意：意味を考えて、漢字を組み合わせ、作られたもの

   日＋月＝明
   人＋木＝休
   木＋木＝林
   木＋木＋木＝森

4. 形声：意味を表す部分と音を表す部分を組み合わせて作られたもの

   「作」「昨」は「乍」（音を表す部分：音はサク）を使った形声文字で、両方とも音読みは「サク」です。

   人（意味を表す部分）＋乍（音を表す部分）＝作
   日（意味を表す部分）＋乍（音を表す部分）＝昨

④ 漢字の書き順

漢字は１字ずつ書き順が決まっています。基本的な原則は「上から下へ書く」「左から右へ書く」ことです。漢字がいくつかの部分の組み合わせからできているときも、「上の部分を書いてから下の部分を」「左の部分を書いてから右の部分を」書きます。

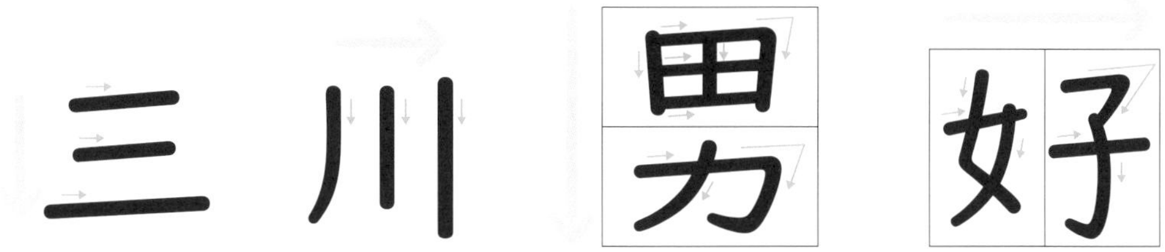

三 川

書き順はその漢字を書くときに最も合理的な順番として決められているものです。書き順を守らないと、正しい漢字にはなりません。書き順も正確に覚えましょう。

また、今、日本で使われている漢字と、中国や韓国で使われている漢字は、形が違ったり、書き順が違ったりします。書くときには気をつけましょう。

⑤ 漢字の画数

漢字を書くときに、一筆で書く線や点を「画」といいます。そして、漢字を作っている線や点の数を「画数」といいます。例えば、「三」も「川」も３本の線からできていますから、画数は３です。「三」「川」は３画の漢字です。

⑥ 動詞が辞書の見出しになるとき

動詞は辞書に辞書形で出ています。動詞を辞書で引くときは辞書形で調べなければなりません。

▼ 辞書形の作り方

	ます形 → 辞書形	
Ⅰグループ	あい ます → あ	う
	き き ます → き	く
	いそ ぎ ます → いそ	ぐ
	か し ます → か	す
	た ち ます → た	つ
	し に ます → し	ぬ
	あそ び ます → あそ	ぶ
	の み ます → の	む
	かえ り ます → かえ	る
Ⅱグループ	たべ ます → たべ	る
	み ます → み	る
Ⅲグループ	します → する	
	きます → くる	

① Penggunaan Kanji

Dalam bahasa Jepang kalimat ditulis dengan menggunakan 4 jenis huruf, yaitu Hiragana, Katakana, Kanji, dan huruf latin seperti berikut.

今日、コンビニの ATMで お金を 出しました。

Kanji   Katakana   Latihn   Hiragana dan Kanji   Kanji dan Hiragana

Keempat huruf ini digunakan berdasarkan jenis kelompok katanya.

Kelompok kata dalam bahasa Jepang terdiri atas 3 jenis, yaitu kata bahasa Jepang asli (*wago*), kata serapan dari bahasa Cina (*kango*), dan kata serapan dari bahasa asing (*gairaigo*).

1. **Wago**: kelompok kata yang lahir di Jepang. Ditulis dengan menggunakan huruf Kanji (*kun-yomi*) dan Hiragana.
2. **Kango**: kelompok kata yang diserap dari bahasa Cina sejak jaman kuno. Ditulis dengan menggunakan huruf Kanji (*kun-yomi*).
3. **Gairaigo**: Kelompok kata serapan dari bahasa asing, kebanyakan berasal dari bahasa Inggris, Perancis, Jerman, dan sebagainya. Ditulis dengan menggunakan huruf Katanakan atau huruf latin.

	bahasa Jepang	bahasa Cina	bahasa asing
laki-laki	男の子	男子	ボーイ
perempuan	女の子	女子	ガール

Dalam bahasa Jepang setiap kelompk kata wago, kango, dan gairaigo digunakan berdasarkan situasi dan konteksnya. Dalam kehidupan sehari-hari umumnya digunakan wago, tetapi pada saat mengutarakan sesuatu yang bersifat abstrak atau dalam situasi formal banyak digunakan kango. Pada saat mempelajari istilah spesialis atau bidang keilmuan di universitas, lebih banyak digunakan kango. Mengingat bunyi bahasa Jepang cukup simpel, sehingga banyak kosakata yang sama bunyinya (homofon). Untuk membedakannya, orang Jepang biasanya menggunakan huruf Kanji.

Kanji yang digunakan dalam kehidupan sehari-hari di Jepang sekiatar 2500 huruf.Jika akan mengikuti Tes Kemampuan Berbahasa Jepang (*Nihongo Nouryoku Shiken*) untuk level dasar diperlukan 300 huruf, level menengah diperlukan 1000 huruf, dan level mahir diperlukan 2000 huruf.

Jika kita tidak dapat mengingat Kanji, maka akan sulit untuk menambah perbendaharaan kosakata. Uuntuk itu, bagi Anda yang ingin pandai berbahasa Jepang, mari kita belajar Kanji.

② On-yomi dan Kun-Yomi

Kanji berasal dari Cina. Kira-kira 1700 tahun yang lalu didatangkan ke Jepang.Awalnya bahasa Jepang tidak memiliki huruf, kemudian orang Jepang menggunakan Kanji dalam menulis bahasa Jepang.

Selain itu, pelafalan bahasa Cina pun mulai digunakan dalam bahasa Jepang. Misalnya, kanji 「車」 dibaca pula dengan SHA.Orang Jepang mengucapkan 「⊛」 dengan (*KURUMA*). Baik SHA maupun KURUMA artinya sama. Oleh karena itu, sekarang kanji 「車」 ada 2 cara bacanya, yaitu SHA dan KURUMA. Pelafalan huruf yang berasal dari Cina ini disebut dengan ON-YOMI (cara baca ala Cina), sedangkan pelafalan yang sudah ada dalam bahasa Jepang disebut dengan KUN-YOMI (cara baca ala Jepang).

	ON-YOM	KUN-YOMI
人	jin, nin	hito
男	dan	otoko
女	jo	onna
子	shi	ko
車	sha	kuruma

Biasanya dalam kamus ON-YOMi ditulis dengan Katakana, dan KUN-YOMI ditulis dengan Hiragana.

③ Pembentukan Kanji

Pembentukan Kanji ada 4 macam seperti berikut. KEISEI-MOJI yang paling banyak.

1. **SHOUKEI**: menunjukkan bentuk yang sama dengan benda aslinya.

山、川、田、米、雨

2. **YUBI-GOTO**: sesuatu yang abstrak dilambangkan dengan menggunakan garis atau titik.

一、二、三、上、中、下

3. **KAI-I**: Gabungan kanji untuk membentuk makna baru.

日＋月＝明　木＋木＝林 人＋木＝休　木＋木＋木＝森

4. **KEI-SEI**: Gabungan kanji berdasarkan bagian makna atau bagian bunyinya.
   Pada kanji「作」「昨」ada bagian「乍」bunyinya SAKU digunakan sebagai KEISEI-MOJI,sehingga kedua-duanya dibaca SAKU.

人 ＋ 乍 ＝ 作
(bagian arti) (bagian bunyi)
日 ＋ 乍 ＝ 昨
(bagian arti) (bagian bunyi)

④ Urutan Penulisan Kanji

Setiap huruf Kanji memiliki urutan penulisan tersendiri yang telah ditetapkan. Pada prinsipnya ditulis dari atas ke bawah, dan dari kiri ke kanan. Ada juga Kanji yang dibentuk dari beberapa bagian, tetapi ini pun sama penulisannya dari atas ke bawah, dan dari kiri ke kanan.

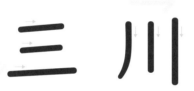  

Urutan penulisan setiap hurufnya sudah ditentukan secara logis. Jika urutan penulisannya dilanggar, maka tidak akan menghasilkan tulisan huruf Kanji secara benar. Untuk itu, aturan penulisan pun perlu diingat dengan baik.

Selain itu, Kanji yang digunakan di Jepang sekarang baik bentuk maupun urutan penulisannya berbeda dengan Kanji yang digunakan di Cina atau Korea. Oleh karena itu, hati-hatilah dalam penulisannya!

⑤ Struk Tulisan Kanji

Pada waktu menulis Kanji, garis atau titik yang ditulis dengan koas disebut dengan kaku (struk tulisan). Kemudian, jumlah garis dan titik yang membentuk huruf Kanji disebut dengan kakusuu (jumlah struk). Misalnya, kanji「三」dan「川」semuanya terdiri atas 3 garis, sehingga jumlah struknya ada 3. Oleh karena itu, huruf「三」dan「 川 」merupakan Kanji yang memiliki 3 struk tulisan.

⑥ Penulisan Verba dalam Kamus

Verba di dalam kamus ditulis dalam bentuk kamus (bentuk dasar). Oleh karena itu,pada saat melihat kamus harus tahu bentuk kamus dari verba tersebut.

▼Perubahan ke dalam bentuk kamus

	ます形 Bentuk MASU	→	辞書形 bentuk Kamus
Ⅰグループ	あ い ます	→	あ う
	き き ます	→	き く
	いそ ぎ ます	→	いそ ぐ
	か し ます	→	か す
	た ち ます	→	た つ
	し に ます	→	し ぬ
	あそ び ます	→	あそ ぶ
	の み ます	→	の む
	かえ り ます	→	かえ る
Ⅱグループ	たべ ます	→	たべ る
	み ます	→	み る
Ⅲグループ	し ます	→	する
	き ます	→	くる

① ခန်းဂျီးအသုံးပြုခြင်း

ဂျပန်ဘာသာတွင် စာကြောင်းများရေးသားသည့်အခါ အောက်ပါကဲ့သို့ "ဟီရဂန" "ခတခန" "ခန်းဂျီး" "ရောမစကားလုံး" ဟူသော အက္ခရာလေးမျိုးကိုအသုံးပြုပါသည်။

今日、	コンビニの	ATMで	お金を	出しました。
ခန်းဂျီး	ခတခန	ရောမစကားလုံး	ဟီရဂနနှင့်ခန်းဂျီး	ခန်းဂျီးနှင့်ဟီရဂန

အက္ခရာလေးမျိုးကို ဝေါဟာရအမျိုးအစားအလိုက် ခွဲခြားအသုံးပြုပါသည်။

ဂျပန်ဘာသာစကား၏ဝေါဟာရများကို ဂျပန်စကားလုံး၊ တရုတ်စကားလုံး၊ နိုင်ငံခြားမွေးစားစကားလုံးဟူ၍ အုပ်စု ၃ခု ခွဲခြားထားပါသည်။

1. ဂျပန်စကားလုံး - ဂျပန်နိုင်ငံတွင် မွေးဖွားခဲ့သည့်စကားလုံးဖြစ်ပါသည်။ ရေးသားသည့်အခါတွင် ခန်းဂျီး (ဂျပန်အသံထွက်)၊ ဟီရဂနကိုအသုံးပြုပါသည်။
2. တရုတ်စကားလုံး - ရှေးယခင်ခေတ်များတွင် တရုတ်နိုင်ငံမှ ဂျပန်သို့ ဆင်းသက်လာသည့်စကားလုံးဖြစ်ပါသည်။ ရေးသားသည့်အခါတွင် ခန်းဂျီး (တရုတ်အသံထွက်) ကိုအသုံးပြုပါသည်။
3. နိုင်ငံခြားမွေးစားစကားလုံး - အဓိကအားဖြင့် အင်္ဂလိပ်ဘာသာ၊ ပြင်သစ်ဘာသာ၊ ဂျာမန်ဘာသာစသည့် စကားလုံးများမှ ဂျပန်ဘာသာသို့ ယူသွင်းထားသည့်စကားလုံးဖြစ်ပါသည်။ ရေးသားသည့် အခါတွင် ခတခန၊ ရောမစာလုံးကို အသုံးပြုပါ သည်။

	ဂျပန်စကားလုံး words of the Japanese origin	တရုတ်စကားလုံး words of the Chinese origin	နိုင်ငံခြားမွေးစားစကားလုံး Loan words
a boy	男の子 (おとこ こ)	男子 (だん し)	ボーイ
a girl	女の子 (おんな こ)	女子 (じょ し)	ガール

ဂျပန်ဘာသာစကားတွင် ဂျပန်စကားလုံး၊ တရုတ်စကားလုံး၊ နိုင်ငံခြားမွေးစားစကားလုံးများကို အခြေအနေနှင့် စာကြောင်း အသွားအလာပေါ် မူတည်၍ ခွဲခြားအသုံးပြုလျက်ရှိပါသည်။ နေ့စဉ်ဘဝတွင် ဂျပန်စကားလုံးကို အသုံးပြုခြင်းများသော်လည်း ယေဘုယျကျသောအကြောင်းအရာများကိုဖော်ပြသည့်အခါများနှင့် သမာရိုးကျအခြေအနေများတွင် တရုတ်စကားလုံးကို အသုံးပြုကြပါသည်။ တက္ကသိုလ်များရှိ အဓိကမေဂျာဘာသာရပ်များ၏ အဆင့်မြင့်အကြောင်းအရာများကို သင်ယူသည့်အခါတွင် တရုတ်စကားလုံးများကို အများအပြား အသုံးပြုလျက်ရှိပါသည်။ ထို့နောက် ဂျပန်ဘာသာစကား၏ အသံထွက်သည်သိပ်မရှုပ်ထွေးသည့်အတွက်ကြောင့် အသံတူကြောင်းကွဲစကားလုံးများ များပြားလှပါသည်။ သံတူကြောင်းကွဲစကားလုံးများကို ခွဲခြားရန်အတွက် ဂျပန်လူမျိုးများသည် ခန်းဂျီးကိုအသုံးပြုလျက်ရှိပါသည်။

ဂျပန်နိုင်ငံ၏ လူမှုဘဝတွင် အဆင်ပြေပြေဖြတ်သန်းနိုင်ရန်အတွက် လိုအပ်သည့်ခန်းဂျီးမှာ 2500 လုံးခန့်ရှိပါသည်။ ဂျပန်ဘာသာအရည်အချင်းစစ်စာမေးပွဲဖြေဆိုရန်အတွက် အခြေခံအဆင့်တွင် အလုံး 300 ခန့်၊ အလယ်အဆင့်တွင် အလုံး 1000 ခန့်၊ အထက်အဆင့်တွင် အလုံး 2000 ခန့် ခန်းဂျီးများလိုအပ်ပါသည်။

ခန်းဂျီးကို မကျက်မှတ်ပါက ဂျပန်ဘာသာဝေါဟာရများကို တိုးပွားအောင်လုပ်ရန်ခက်ခဲပါသည်။ ဂျပန်ဘာသာစကား ကျွမ်းကျင်လိုသူများ ခန်းဂျီးကို လေ့လာကျက်မှတ်ကြပါစို့။

② တရုတ်အသံထွက်နှင့်ဂျပန်အသံထွက်

ခန်းဂျီးဆိုသည်မှာ တရုတ်နိုင်ငံတွင်မွေးဖွားလာခဲ့သည့်စာလုံးဖြစ်ပါသည်။ လွန်ခဲ့သည့် နှစ်ပေါင်း 1700 ခန့်တွင် ဂျပန်နိုင်ငံသို့ ဆင်းသက်ပြန့်နှံ့လာခဲ့ပါသည်။ ဂျပန်နိုင်ငံတွင် စာလုံးမရှိသေးသည့်အတွက်ကြောင့် ဂျပန်လူမျိုးများသည် ခန်းဂျီးကိုအသုံးပြု၍ ဂျပန်စာရေးသားရန် ဆုံးဖြတ်ခဲ့ကြပါသည်။ ထို့နောက် တရုတ်နိုင်ငံမှဆင်းသက်လာသည့် အသံထွက်များလည်း အသုံးပြုခဲ့ကြပါသည်။ ဥပမာအားဖြင့် "車" ၏ဖတ်နည်းသည် "シャ" ဖြစ်ပါသည်။ ဂျပန်လူမျိုးများသည် "🛞" ကို "くるま" ဟုခေါ်ခဲ့ ကြပါသည်။ "シャ" ရော "くるま" ရော အဓိပ္ပါယ်အတူတူပင်ဖြစ်ပါသည်။ ထို့ကြောင့် ယခု "車" တွင် "シャ" နှင့် "くるま" ဟူ၍ ဖတ်နည်း၂မျိုးရှိပါသည်။ ထိုကဲ့သို့ပင် တရုတ်နိုင်ငံမှဆင်းသက်လာသည့် အသံထွက်များကိုအခြေခံ၍ ဖြစ်ပေါ်လာသော အသံထွက်

	အွန်းအသံ	ခွန်းအသံ
人	ジン、ニン	ひと
男	ダン	おとこ
女	ジョ	おんな
子	シ	こ
車	シャ	くるま

ကို "တရုတ် အသံထွက်(အွန်းအသံ)"၊ ဂျပန်နိုင်ငံတွင် အသုံးပြုနေသည့်စကားလုံးများကိုအသုံးပြုထားသည့် အသံထွက်ကို "ဂျပန် အသံထွက်(ခွန်းအသံ)" ဟုခေါ်ပါသည်။

ပုံမှန်အားဖြင့် အဘိဓာန်များတွင် တရုတ်အသံထွက်ကို ခတခနဖြင့်၊ ဂျပန်အသံထွက်ကို ဟီရဂနဖြင့် ရေးသားထားပါသည်။

③ ခန်းဂျီး၏ဖွဲ့စည်းပုံ

ခန်းဂျီးဖွဲ့စည်းပုံတွင် အောက်ပါအချက် 4 ချက်ရှိပါသည်။ "အဓိပ္ပါယ်အသံစာလုံး" သည် အများဆုံး ဖြစ်ပါသည်။

1. အရုပ်စာ - အရာဝတ္ထုများ၏ပုံသဏ္ဌာန်ကိုဖော်ပြသည့်စာလုံး
2. အညွှန်းစာ - ယေဘုယျအကြောင်းအရာများကို မျဉ်းကြောင်းများ၊ အမှတ်များဖြင့် ဖော်ပြသည့်စာလုံး
3. ပေါင်းစပ်စာ - အဓိပ္ပါယ်ကိုစဉ်းစား၍ ခန်းဂျီးများကိုပေါင်းစပ်ဖွဲ့စည်းထားသည့်စာလုံး
4. အဓိပ္ပါယ်အသံ - အဓိပ္ပါယ်ကိုဖော်ပြသည့်အပိုင်းနှင့် အသံထွက်ကို ဖော်ပြသည့်အပိုင်းကိုပေါင်းစပ်ဖွဲ့စည်း ထားသည့်စာလုံး

"作" "昨" သည် "乍 " (အသံထွက်ကိုဖော်ပြသည့် အပိုင်း - အသံသည်サク) ကိုအသုံးပြုထားသည့် အဓိပ္ပါယ်အသံစကားလုံး ဖြစ်ပြီး၊ နှစ်ခုစလုံး၏ တရုတ်အသံထွက်မှာ "サク "ဖြစ်ပါသည်။

山、川、田、米、雨

一、二、三、上、中、下

日＋月＝明　木＋木＝林
人＋木＝休　木＋木＋木＝森

人 ＋ 乍 ＝作
(အဓိပ္ပါယ်ကိုဖော်ပြသည့်အပိုင်း) (အသံထွက်ကိုဖော်ပြသည့်အပိုင်း)

日 ＋ 乍 ＝昨
(အဓိပ္ပါယ်ကိုဖော်ပြသည့်အပိုင်း) (အသံထွက်ကိုဖော်ပြသည့်အပိုင်း)

④ ခန်းဂျီးရေးသားနည်းအဆင့်ဆင့်

ခန်းဂျီးတစ်လုံးစီတွင် ရေးသားနည်းအဆင့်ဆင့်ကို သတ်မှတ်ထားပါသည်။ အခြေခံစည်းမျဉ်းမှာ "အပေါ်မှအောက်သို့ရေးသားခြင်း" "ဘယ်ဘက်မှညာဘက်သို့ရေးသားခြင်း" ဖြစ်ပါသည်။ ခန်းဂျီးသည် အစိတ်အပိုင်းမြောက်များစွာကိုပေါင်းစပ်ထားခြင်းမှဖြစ်ပေါ်လာသည့်အခါမျိုးတွင်လည်း "အပေါ်ပိုင်းကိုရေးသားပြီးမှ အောက်ပိုင်းကို" "ဘယ်ဘက်ကိုရေးသားပြီးမှညာဘက်ကို" ရေးသားပါသည်။

ရေးသားနည်းအဆင့်အဆင့်သည် ထိုခန်းဂျီးအားရေးသားချိန်တွင် ကျိုးကြောင်းညီညွတ်သည့်အစဉ်အနေဖြင့် သတ်မှတ်ထားပါသည်။ ရေးသားနည်းအဆင့်ဆင့်ကို မလိုက်နာပါက မှန်ကန်သော ခန်းဂျီးမဖြစ်လာနိုင်ပါ။ ရေးသားနည်းအဆင့်ဆင့်ကိုလည်း တိတိကျကျ မှတ်သားကြရအောင်။

ထို့နောက် ယခု ဂျပန်နိုင်ငံတွင်အသုံးပြုနေသည့်ခန်းဂျီးနှင့် တရုတ်နိုင်ငံ၊ ကိုရီးယားနိုင်ငံများတွင် အသုံးပြုနေသည့် ခန်းဂျီးသည် ပုံသဏ္ဌာန်မတူညီမှုများ၊ ရေးသားနည်းအဆင့်မတူညီမှုများ ရှိပါသည်။ ရေးသားသည့်အချိန်တွင် သတိထားကြရအောင်။

⑤ ခန်းဂျီး၏ဆွဲချက်

ခန်းဂျီးရေးသားသည့်အခါတွင် တစ်ဆက်တည်းရေးဆွဲသည့် မျဉ်းများ၊ အမှတ်များကို "ဆွဲချက်" ဟု ခေါ်ပါသည်။ ထို့ပြင် ခန်းဂျီးကိုရေးဆွဲထားသည့်မျဉ်းများ၊ အမှတ်များ၏အရေအတွက်ကို "ဆွဲချက်အရေအတွက်" ဟု ခေါ်ပါသည်။ ဥပမာအားဖြင့် "三" ရော"川" ရော မျဉ်းသုံးကြောင်းမှ ဖြစ်ပေါ်လာသည့်အတွက်ကြောင့် ဆွဲချက်အရေအတွက်မှာ 3 ချက်ဖြစ်ပါသည်။ "三""川" သည် ရေးဆွဲချက် 3 ချက်ရှိသောခန်းဂျီးဖြစ်ပါသည်။

⑥ ကြိယာသည် အဘိဓာန်၏အက္ခရာစဉ်ဖြစ်သည့်အခါ

ကြိယာသည် အဘိဓာန်တွင် အဘိဓာန်ပုံစံဖြင့် ရေးသားထားပါသည်။ ကြိယာကို အဘိဓာန်တွင်ရှာသည့်အခါတွင် အဘိဓာန်ပုံစံဖြင့် ရှာဖွေရပါမည်။

▼ အဘိဓာန်ပုံစံပြုလုပ်နည်း

	ます形（けい） masuပုံစံ	→	辞書形（じしょけい） အဘိဓာန်ပုံစံ
Ⅰグループ	あ**い**ます	→	あ**う**
	き**き**ます	→	き**く**
	いそ**ぎ**ます	→	いそ**ぐ**
	か**し**ます	→	か**す**
	た**ち**ます	→	た**つ**
	し**に**ます	→	し**ぬ**
	あそ**び**ます	→	あそ**ぶ**
	の**み**ます	→	の**む**
	かえ**り**ます	→	かえ**る**
Ⅱグループ	たべます	→	たべ**る**
	みます	→	み**る**
Ⅲグループ	します	→	する
	きます	→	くる

① खान्जीको बारेमा कुरा।

जापानीमा, वाक्यहरू लेख्दा, हामी निम्न चार वाक्यहरू "हिरागाना", "काताकाना ", "खान्जी", र "रोमाजी" भन्ने ४ प्रकारका अक्षरहरू प्रयोग गर्छन्

今日、	コンビニの	ATMで	お金を	出しました。
खान्जी	काताकाना	रोमाजी	हिरागाना र खान्जी	खान्जी र हिरागाना

शब्दावलीको प्रकारको आधारमा चार वर्णहरू फरक रूपमा प्रयोग गरिन्छ। जापानी शब्दावलीलाई तीन समूहमा विभाजन गरिएको छ: जापानी, चिनियाँ र विदेशी शब्दहरू।

1. **जापानीज**: जापानमा जन्मिएको शब्द। लेख्दा, खान्जी (कुन्योमी) र हिरागाना प्रयोग गरिन्छ।
2. **चिनियाँ**: यो प्राचीन समयमा चीनबाट जापानमा आएको भाषा हो। लेख्दा, (पढ्दा) खान्जी प्रयोग गरिन्छ।
3. **विदेशी** शब्दहरू: यी शब्दहरू हुन् जुन जापानी भाषामा मुख्यतया अंग्रेजी, फ्रेन्च, जर्मन, इत्यादिबाट आएका हुन्। लेख्दा काताकाना र रोमाजी प्रयोग गरिन्छ।

	words of the Japanese origin (*wago*)	words of the Chinese origin (*kango*)	Loan words (*gairaigo*)
एउटा केटो	男の子 (おとこ こ)	男子 (だん し)	ボーイ
एउटी केटी	女の子 (おんな こ)	女子 (じょ し)	ガール

जापानी भाषामा जापानी, चिनियाँ र विदेशी शब्दहरू परिस्थिति र सन्दर्भमा प्रयोग गरिन्छ। यद्यपि जापानीहरू प्रायः दैनिक जीवनमा प्रयोग गरिन्छ, चिनियाँहरू सार चीजहरू वा औपचारिक परिस्थितिहरू व्यक्त गर्न प्रयोग गरिन्छ। विश्वविद्यालयहरू र अन्य संस्थाहरूमा विशेष क्षेत्रहरूको बारेमा उच्च विषयहरूको अध्ययन गर्दा चिनियाँ भाषा प्रायः प्रयोग गरिन्छ।

जापानी उच्चारण धेरै जटिल छैनन, त्यहाँ धेरै होमोनिमहरू छन्। जापानीहरूले कान्जी प्रयोग गर्ने होमोनिमहरू बीचको भिन्नता छ।जापानमा सहज सामाजिक जीवन बिताउन करिब २,५०० खान्जी चाहिन्छ। जापानी भाषा प्रवीणता परीक्षा दिनको लागि, तपाईंले शुरुवात स्तरको लागि 300 खान्जी, मध्यवर्ती स्तरको लागि 1,000 खान्जी र उन्नत स्तरको लागि 2,000 खान्जी जान्नु आवश्यक छ।

② ओन्'योमी र कुन'योमी

खान्जी चीनमा उत्पन्न भएका अक्षरहरु हुन्। यो लगभग 1,700 वर्ष पहिले जापानमा भित्रिएको थियो। जापानमा कुनै लिखित भाषा नभएकोले, जापानीहरूले कान्जी प्रयोग गरेर जापानी लेख्ने निर्णय गरे। उनीहरूले चीनबाट ल्याइएका उच्चारणहरू पनि प्रयोग गर्न थाले। उदाहरणका लागि, खान्जी (कुरुमा) कोउच्चारण (शा) हुन्छ। कसरी पढ्ने। जापानीहरू (चक्का) लाई (कुरुमा) भन्ने गर्छन्। (शा) र (कुरुमा) दुवैको एउटै अर्थहुन्छ । त्यसैले अब (कुरुमा) दुई उच्चारणहरू छन्: (शा) र (कुरुमा)। यसरी चीनबाट ल्याइएका उच्चारणहरूको आधारमा सिर्जना गरिएका उच्चारणहरूलाई (ओन्'योमी) र जापानमा प्रयोग गरिएका शब्दहरूमा आधारित उच्चारणहरूलाई (कुन-योमी) भनिन्छ।

शब्दकोशहरूमा, ओन्'-योमी सामान्यतया काताकानामा लेखिन्छ र कुन-योमी हिरागानामा लेखिन्छ।

	ओन्'-योमी	कुन-योमी
人	सीन जीन	हितो
男	दान्	ओतोको
女	ज्यो	ओन्ना
子	सी	को
車	श्या	कुरुमा

③ खान्जीको उत्पत्ति

कान्जीको निर्माणमा यो ४ प्रकारको रहेको छ। यसमध्ये, आकृतिसार, सब भन्दा बढी प्रचलित छ।

1. **रूपरूप** (象形): वस्तुको आकारलाई दर्शाउँछ

山、川、田、米、雨

2. **सूचना** (指事): अन्यथा अब्स्ट्र्याक्ट विषयलाई रेखा वा बिन्दुबाट दर्शाउँछ

一、二、三、上、中、下

3. **सांगत** (会意): अर्थलाई ध्यानमा राखी, कन्जीहरूलाई मिलाउँछ, र तिनीहरूले बनाइएको हुँदैछ

日＋月＝明　木＋木＝林
人＋木＝休　木＋木＋木＝森

4. **आकारको आवाज**: अर्थ व्यक्त गर्ने भाग र ध्वनि व्यक्त गर्ने भाग मिलाएर बनाइएको वस्तु।

人 (अर्थ व्यक्त गर्ने अंश) ＋ 乍 (आवाज प्रतिनिधित्व गर्ने अंश) ＝ 作
日 (अर्थ व्यक्त गर्ने अंश) ＋ 乍 (आवाज प्रतिनिधित्व गर्ने अंश) ＝ 昨

``साकु'' र ``काटा'' ध्वन्यात्मक वर्णहरू हुन् जसले ``乍'' (ध्वनिलाई प्रतिनिधित्व गर्ने भाग: साकु हो), र दुबैको लागि अन-योमी रिडिंग ``साकु'' हो।

④ खान्जीको स्ट्रोक क्रम

प्रत्येक खान्जी क्यारेक्टरको निश्चित स्ट्रोक अर्डर हुन्छ। आधारभूत सिद्धान्त माथि देखि तल लेखिन्छ। "बायाँ देखि दायाँ लेखिन्छ।" खान्जी धेरै भागहरू मिलेर बनेको हुँदा पनि हामी माथिल्लो भाग, त्यसपछि तल्लो भाग, त्यसपछि बाँया भाग, त्यसपछि दाहिने भाग लेखिन्छ।

खान्जी लेख्दा स्ट्रोक अर्डर सबैभन्दा तर्कसंगत अर्डरको रूपमा निर्धारण गरिन्छ। यदि तपाइँ स्ट्रोक अर्डर पालना गर्नुहुन्न भने, खान्जी सही हुनेछैन। स्ट्रोक क्रम सही रूपमा सम्झनुहोस्। थप रूपमा, हाल जापानमा प्रयोग हुने खान्जी र चीन र कोरियामा प्रयोग हुने खान्जीको आकार र स्ट्रोक अर्डरहरू फरक छन्। लेख्दा होसियार हुनुहोस्

⑤ खान्जीको स्ट्रोक को संख्या

खान्जी लेख्दा, तपाईंले एक स्ट्रोकमा कोर्ने रेखा र बिन्दुहरूलाई "स्ट्रोक" भनिन्छ। खान्जी बनाउने रेखा र बिन्दुहरूको संख्यालाई स्ट्रोकहरूको संख्या भनिन्छ। उदाहरणका लागि, दुवै ``सान'' र `कावा'' ३ रेखाहरू मिलेर बनेका छन्, त्यसैले स्ट्रोकको सङ्ख्या ३ हो। ``三'' र ``川'' तीन-स्ट्रोक खान्जी हुन्।

⑥ क्रिया शब्दकोशको मुख्य सूचीमा रहेको बेला

क्रियापद शब्दकोषमा शब्दकोषरूपमा देखिन्छ। शब्दकोशमा क्रियापद खोज्दा, तपाईंले यसलाई शब्दकोशको रूपमा हेर्नु पर्छ।

▼ शब्दकोश रूपमा कसरी बनाउने

	ます形（けい） मास रूप → 辞書形（じしょけい） शब्दकोष रूप
Ⅰグループ	あ**い**ます → あ**う**
	き**き**ます → き**く**
	いそ**ぎ**ます → いそ**ぐ**
	か**し**ます → か**す**
	た**ち**ます → た**つ**
	し**に**ます → し**ぬ**
	あそ**び**ます → あそ**ぶ**
	の**み**ます → の**む**
	かえ**り**ます → かえ**る**
Ⅱグループ	たべます → たべ**る**
	みます → み**る**
Ⅲグループ	します → する
	きます → くる

① **කංජි අක්ෂර භාවිත කරන ආකාරය**

ජපත් භාෂාවේදී වාක්‍ය ලියන විට පහත දැක්වෙන ආකාරයට 'හිරගත' 'කතකත' 'කංජි' 'රෝමානු අක්ෂර' (ඉංග්‍රීසි භාෂාවේ සහ නුතන යුරෝපීය භාෂාවන්හිදී භාවිත කරන ලතින් අක්ෂර) යත අක්ෂර වර්ග සතර භාවිත කරයි.

今日、コンビニの ATM で お金を 出しました。

කංජි   කතකත   රෝමානු අක්ෂර   හිරගත සහ කංජි   කංජි සහ හිරගත

ඉහත සඳහන් අක්ෂර වර්ග සතර ඒ ඒ වාග් මාලාවට අනුව භාවිත කරනු ලබෙයි.
ජපත් භාෂාවේ යෙදෙත වචන 'වගො' 'කත්ගො' 'ගයිරයිගො' වශයෙන් කාණ්ඩ තුනකට බෙද දැක්විය හැක.

1. **වගො** : ජපත් භාෂාවේ උපත ලද (ජපත් සම්භවයක් සහිත) වචන. මෙම වචන ලියන විට කංජි (කංජි අක්ෂර වලදී භාවිත කරනු ලබන කුත්‍යොම් හෙවත් ජපත් උච්චාරණය) සහ/හෝ හිරගත භාවිත කරයි.

2. **කත්ගො** : මෙය පුරාණයේ චීනයෙන් ජපානයට පැමිණ (චීන සම්භවයක් සහිත) වචන ලෙස සැලකේ. මෙම වචන ලිවීමේදී කංජි (කංජි අක්ෂර වලදී භාවිත කරනු ලබන ඔන්‍යොම් හෙවත් චීන උච්චාරණය) භාවිත කරයි.

3. **ගයිරයිගො** : මෙම වචන ප්‍රධාන වශයෙන් ඉංග්‍රීසි සහ ප්‍රංශ භාෂාව,ජ(ර්)මත් භාෂාව යනාදි භාෂාවන්ගෙන් ජපත් බසට බිඳී ආ (තත්සම) වචන වන අතර මෙම වචන ලිවීමේදී කතකත සහ රෝමානු අක්ෂර (ඉංග්‍රීසි භාෂාවේ සහ නුතන යුරෝපීය භාෂාවන්හිදී භාවිත කරන ලතින් අක්ෂර) භාවිත කරයි.

	和語 (わご) words of the Japanese origin	漢語 (かんご) words of the Chinese origin	外来語 (がいらいご) Loan words
පිරිමි ළමයා	男の子 (おとこ こ)	男子 (だんし)	ボーイ
ගැහැණු ළමයා	女の子 (おんな こ)	女子 (じょし)	ガール

එක් එක් අවස්ථාවට සහ සන්දර්භයට අනුව ජපත් භාෂාවේදී වගො, කත්ගො සහ ගයිරයිගො යන්න භාවිත කරයි.එදිනෙදා ජීවිතයේදී වගො වැඩි වශයෙන් භාවිත කරන අතර විධිමත් කථනයේදී හෝ ශාස්ත්‍රීය ලේඛනයේදී වැඩි වශයෙන් කත්ගො භාවිත කරනු ලබයි. තවද,ජපත් භාෂාවේ උච්චාරණයහි සරල බව නිසා සමඝබිදික වචන බහුල වන අතර එම සමඝබිදික වචන වෙන්කර හඳුනාගැනීම සඳහා කංජි භාවිත කරයි.

ජපානයේ ජීවත්වීමේදී බාධාවකින් තොරව සන්නිවේදනය කිරීම සඳහා අවම වශයෙන් කංජි 2500ක් දැන සිටිය යුතු බවට අනුමාන කෙරේ. ජපත් ප්‍රවීණතා පරීක්ෂණයට පෙනිසිටීමේදී දළ වශයෙන් ප්‍රාථමික, මධ්‍යම සහ උසස් යන මට්ටම් වලදී පිළිවෙළින් කංජි 300ක්, 1000ක්, 2000ක් දැන සිටිය යුතුය.

කංජි මතකතබා තොගත් විට ජපත් වාග්කෝෂය පුළුල් කර ගැනීම අපහසුය. එබැවින් දක්ෂ ලෙස ජපත් භාෂාව හැසිරවීම සඳහා කංජි ඉගෙනීමට උත්සුක වෙමු.

② **ඔන්‍යොම් සහ කුත්‍යොම්**

කංජි අක්ෂර වල ආරම්භය සිදුවතුයේ චීනයේ වන අතර එය වර්ෂ 1700කට පමණ පෙර ජපානයේ භාවිතයට පැමිණ ඇත. එකල ජපානයට ආවේණික අක්ෂර මාලාවක් තොතිබු බැවින් ජපත් ජාතිකයන් ලිවීම සඳහා කංජි අක්ෂර භාවිත කරන්නට විය. මෙම අක්ෂර භාවිත කරන විට අක්ෂර පමණක් තොව චීන භාෂාවේ උච්චාරණයද භාවිත කරන්නට විය. උදාහරණයක් ලෙස 「車」යත කංජි අක්ෂරයෙහි චීන උච්චාරණය "ෂ"වේ. ජපත් ජාතිකයන් මෙය "කුරුම"ලෙස උච්චාරණය කරන ලැබිය. "ෂ"යන්තෙහිත්"කුරුම" යන්තෙහිත් අර්ථයේ වෙනසක් තොමත. එබැවින්"車"යන්තට "ෂ"සහ"කුරුම"යතුවෙන් උච්චාරණ ක්‍රම දෙකක් ඇත. මේ අයුරින් කංජි අක්ෂරයක චීන උච්චාරණය මත පදනම් වූ උච්චාරණය"ඔන්‍යොම්"ලෙසත් ජපත් ජාතිකයන් ඒ සඳහා සකසාගත් උච්චාරණය "කුත්‍යොම්"ලෙසත් හඳුනවතු ලබයි.

සාමාන්‍යයෙන් ශබ්ද කෝෂයේ ඔන්‍යොම් කතකත අක්ෂර වලින්ද කුත්‍යොම් හිරගත අක්ෂර වලින්ද සටහන් කරනු ලබයි.

	චීන කියවීම	ජපත් කියවීම
人	නින්, ජින්	හිතො
男	දන්	ඔතොකො
女	ජො	ඔන්න
子	ෂි	කො
車	ෂ	කුරුම

③ **කංජි අක්ෂර බිහිවීම**

කංජි අක්ෂර වල ආරම්භය සහ ව්‍යාප්තිය අනුව එහි කාණ්ඩ 4ක් දැකිය හැකිය. එතම්,

1. **Pictographs** :යම් දෙයක හැඩයක් පිළිබිඹු කරන අක්ෂර (山 කන්ද, 川 ගඟ, 田 කුඹුර, 米 සහල්, 雨 වැස්ස)

山、川、田、米、雨

2. **Non pictorial graphs** :තිත් සහ ඉරි උපයෝගි කරගනිමින් භෞතික නොවන දේවල් නිරූපනය කරන අක්ෂර (上උඩ, 中මැද, 下යට, 左වම, 右 දකුණ)

一、二、三、上、中、下

3. **Ideographs** : අර්ථය සැලකිල්ලට ගෙන කංජි අක්ෂර දෙකක් හෝ කිහිපයක් එකට සම්බන්ධකිරීමෙන් සකසන ලද අක්ෂර (日ඉර＋月හඳ＝明දීප්තිමත්, 人මිනිසා + 木ගස =休 විවේකය, 木ගස+木ගස＝林ලඳු කැළය, 木ගස + 木ගස + 木ගස = 森වනාන්තරය)

日＋月＝明	木＋木＝林
人＋木＝休	木＋木＋木＝森

4. **Ideophonographs** :අර්ථය සහ ශබ්දය හඟවන කොටස් එකතු කිරීමෙන් සකසන ලද අක්ෂර
ඉහත සඳහන්「作」 සහ「昨」 යන්නෙහි「乍」කොටස (ශබ්දය හඟවන කොටස :ශබ්දය සකු) යොදාගනිමින් සකස් කර ඇති අතර එම අක්ෂර දෙකෙහිම ඔන්යොමි උච්චාරණය "සකු" වේ.

人	＋	乍	＝	作
(අර්ථය හඟවන කොටස)		(ශබ්දය හඟවන කොටස)		
日	＋	乍	＝	昨
(අර්ථය හඟවන කොටස)		(ශබ්දය හඟවන කොටස)		

④ කංජි අක්ෂර ලිවීමේ අනුපිළිවෙළ

ඕනෑම කංජි අක්ෂරයක් ලිවීමේදී එහි අනුපිළිවෙළක් ඇත. කංජි අක්ෂරයක් ලිවීමේදී මූලික වශයෙන් උඩ සිට පහළටත්,වමේ සිට දකුණටත් ලියනු ලබයි. කංජි අක්ෂරයක් පහත දකුණු පස රූපයන්හි දැක්වෙන ආකාරයට කොටස් කිහිපයක එකතුවෙන් සෑදී ඇති අවස්ථාවක උඩ කොටස ලිවීමෙන් පසුව පහත කොටස ලියනු ලබයි. එමෙන්ම වම් කොටස ලිවීමෙන් පසුව දකුණු කොටස ලියනු ලබයි.

ඉහත සඳහන් අනුපිළිවෙළ ක්‍රමය කංජි අක්ෂරයක් ලිවීමේ වඩාත් තාර්කික පිළිවෙල ලෙස සලකනු ලබයි. මෙම අනුපිළිවෙළ අනුගමනය නොකල විට කංජි අක්ෂරය නිවැරදි අක්ෂරයක් ලෙස නොසැලකේ. එබැවින් කංජි අක්ෂර ලිවීමේදී එහි අනුපිළිවෙළ නිවැරදිව මතකතබාගනිමු.

තවද,ජපානයේ භාවිත කරනු ලබන කංජි අක්ෂර චීනයේ සහ කොරියාවේ භාවිත කරනු ලබන කංජි අක්ෂර වලට වඩා වෙනස් වන අතර ලිවීමේ අනුපිළිවෙළද වෙනස් වේ. එබැවින් කංජි අක්ෂර ලිවීමේදී මේ පිළිබඳව සැලකිලිමත් වෙමු.

⑤ කංජි අක්ෂරයක් ලිවීමේදී භාවිත කරන ඉරි සංඛ්‍යාව

කංජි අක්ෂර ලිවීමේදී ඉරි හෙවත් (ජපන් භාෂාවේ) කකු එකක් හෝ ඊට වැඩි සංඛ්‍යාවක් භාවිත කරයි. මෙහිදී ඉරක් (කකු) යනු අක්ෂරය ලිවීම සඳහා භාවිත කරන උපකරණය (උදාහරණයක් ලෙස පෑන ආදිය) එක් වරක් පමණක් සෙලවීමෙන් අඳිනු ලබන තනි ඉරක් හෝ කොටසක්ය. මෙලෙස කංජි අක්ෂරයක් ලිවීම සඳහා භාවිත කරන ඉරි කෑලි සංඛ්‍යාව කකුසූ ලෙස හඳුන්වයි. කංජි ශබ්ද කෝෂයක් පරිහරණය කිරීමේදී කංජි අක්ෂරයක ඇති ඉරි කෑලි සංඛ්‍යාව පිළිබඳව අවබෝධයක් තිබීම ඉතා වැදගත් වේ. මන්දයත්, කංජි ශබ්ද කෝෂයක අක්ෂර ඉරි කෑලි සංඛ්‍යාව අනුව පෙළගස්වා ඇති බැවිනි. නිදසුනක් ලෙස 三 සහ 川යන අක්ෂර ලිවීමේදී ඉරි කෑලි තුනක් භාවිත කර ඇති අතර ඒවා ඉරි තුනකින් සමන්විත අක්ෂර ලෙස හැඳින්වේ.

⑥ ක්‍රියාපදයක ශබ්ද කෝෂ ස්වරූපය

ශබ්ද කෝෂයක ක්‍රියාපද දක්වන විට ශබ්ද කෝෂ ස්වරූපයෙන් දක්වනු ලබයි. එබැවින් යම් ක්‍රියාපදයක් (ශබ්ද කෝෂයෙන්) පරිශීලනය කිරීමේදී එහි ශබ්ද කෝෂ ස්වරූපයෙන් පරීක්ෂා කල යුතුය.

▼ ශබ්ද කෝෂ ස්වරූපය සාදාගන්නා ආකාරය

	ます形（けい） ますස්වරූපය	→	辞書形（じしょけい） ශබ්ද කෝෂ ස්වරූපය
Ⅰグループ	あ**い**ます	→	あ**う**
	き**き**ます	→	き**く**
	いそ**ぎ**ます	→	いそ**ぐ**
	か**し**ます	→	か**す**
	た**ち**ます	→	た**つ**
	し**に**ます	→	し**ぬ**
	あそ**び**ます	→	あそ**ぶ**
	の**み**ます	→	の**む**
	かえ**り**ます	→	かえ**る**
Ⅱグループ	たべます	→	たべ**る**
	みます	→	み**る**
Ⅲグループ	します	→	する
	きます	→	くる

1 **人** 2画 〔人〕 ノ 人

orang | လူသား | मानव जाति | මිනිසා

ジン
- 日本人（にほんじん） orang Jepang | ဂျပန်လူမျိုး | जापानी | ජපන් ජාතිකයා
- アメリカ人（じん） orang Amerika | အမေရိကန်လူမျိုး | अमेरिकी, अमेरिकन | ඇමරිකන් ජාතිකයා

ニン
- ～人（にん） ～ orang | ～ယောက် | ～देशको (राष्ट्रियता) | පුද්ගලයින් ～ක්
- 人形（にんぎょう） boneka | လူပုံစံအရုပ် | खेलौना पुतली | බෝනික්කා

ひと
- 人（ひと） orang, manusia | လူ | मानव | පුද්ගලයා, මිනිසා
- 人々（ひとびと） orang-orang | လူအများ | मानवहरू | මිනිස්සු

〇〇
- 大人（おとな） dewasa | လူကြီး | वयस्क | වැඩිහිටි පුද්ගලයා
- 一人（ひとり） seorang | တစ်ယောက် | एक जना | එක් පුද්ගලයෙක්
- 二人（ふたり） dua orang | နှစ်ယောက် | दुइ जना | පුද්ගලයින් දෙදෙනෙක්

人 人 人

2 **男** 7画 〔田〕 丨 冂 冂 冂 田 男 男

laki-laki | အမျိုးသား၊ ယောကျာ်း | पुरुष | පිරිමි පුද්ගලයා, පුරුෂ

ダン
- 男性（だんせい） pria | အမျိုးသား | पुरुष | පිරිමි පුද්ගලයා, පුරුෂ

おとこ
- 男（おとこ） laki-laki | ယောကျာ်းလေး၊ အမျိုးသား | पुरुष | පිරිමි පුද්ගලයා, පුරුෂ
- 男の子（おとこのこ） anak laki-laki | ကောင်လေး | केटो | පිරිමි ළමයා

男 男 男

3 **女** 3画 〔女〕 く 夂 女

perempuan | အမျိုးသမီး၊ မိန်းမ | महिला | ස්ත්‍රී

ジョ
- 女性（じょせい） wanita | အမျိုးသမီး | महिला | කාන්තාව, ස්ත්‍රී
- 彼女（かのじょ） dia (wanita) | မိန်းကလေး၊ အမျိုးသမီး | उनी | ඇය

おんな
- 女（おんな） perempuan | မိန်းကလေး | महिला | කාන්තාව, ස්ත්‍රී
- 女の子（おんなのこ） anak perempuan | ကောင်မလေး | केटी | ගැහැණු ළමයා

女 女 女

4 **子** 3画 〔子〕 ㇇ 了 子

anak | ကလေး | बच्चा | ළමයා

シ
- 男子（だんし） laki-laki | ကောင်လေး | केटो | පිරිමි ළමයා
- 女子（じょし） perempuan | ကောင်မလေး | केटी | ගැහැණු ළමයා

こ
- 子ども anak | ကလေး | बच्चा | ළමයා
- 男の子（おとこのこ） anak laki-laki | ကောင်လေး | केटो | පිරිමි ළමයා
- 女の子（おんなのこ） anak perempuan | ကောင်မလေး | केटी | ගැහැණු ළමයා

子 子 子

5 **車**

7画
〔車〕

roda | ဘီး | चक्का | වාහන

シャ 電車（でんしゃ） kereta | ရထား | ट्रेन, रेल गाडी | දුම්රිය

くるま 車（くるま） mobil, roda | ကား | चक्का, गाडी | මෝටර් රථය

車	車	車												

よみましょう Write the reading of the following *kanji* in *hiragana.*

① 子どもが 一人

② 日本人（にほん）

③ 電車（でん）

④ 女の子

⑤ 男子トイレ

⑥ アメリカの 車

⑦ 二人

⑧ 男の人

⑨ 彼女（かの）

⑩ 大人

かきましょう Write the correct *kanji* characters in the blank squares.

① ひとびと → □々（びと）

② こども → □ども

③ おとこの ひと → □の□

④ アメリカじん → アメリカ□

⑤ くるま → □

⑥ じょし トイレ → □□トイレ

⑦ だんせい → □性（せい）

⑧ でんしゃ → 電（でん）□

⑨ おんなの こ → □の□

⑩ にんぎょう → □形（ぎょう）

6 山 **3画** 〔山〕 丨 凵 山
gunung | တောင် | पर्वत, हिमाल | කන්ද

やま 山 gunung | တောင် | पर्वत, हिमाल | කන්ද

山	山	山											

7 川 **3画** 〔川〕 丿 川 川
sungai | မြစ် | नदी | ගඟ

かわ 川 sungai | မြစ် | नदी, खोला | ගඟ   ナイル川 sungai Nil | နိုင်းမြစ် | नाईल नदी | නයිල් ගඟ

なかがわ
中川 Nakagawa (nama) | နာက ၈၀(ဝျပန်လူမျိုး အမည်) | नकागावा (जापानी उपनाम) | තකගව (ජපන් වාසගමක්)

川	川	川											

8 田 **5画** 〔田〕 丨 冂 冂 田 田
sawah | စပါးခင်း | धानखेत | කුඹුර

た 田 sawah | စပါးခင်း | धानखेत | කුඹුර   田んぼ sawah | စပါးခင်း | धानखेत | කුඹුර

たなか
田中 Tanaka (nama) | တာနခ (ဝျပန်လူမျိုး အမည်) | तनाका (जापानी उपनाम) | තනක (ජපන් වාසගමක්)

やまだ
山田 Yamada (nama) | ယာမဒ (ဝျပန်လူမျိုး အမည်) | यामादा (जापानी उपनाम) | යමද (ජපන් වාසගමක්)

田	田	田											

9 米 **6画** 〔米〕 丶 丷 丷 米 米 米
beras | ဆန်၊ စပါး | चामल (धान) | සහල්

こめ 米 beras | ဆန်၊ စပါး | चामल | සහල්

米	米	米											

10 **雨** 8画 〔雨〕

hujan | မိုး | बर्षा | වැස්ස

あめ 雨（あめ） hujan | မိုး | बर्षा | වැස්ස

雨	雨	雨												

よみましょう Write the reading of the following *kanji* in *hiragana.*

① タイの 米

② 山田さん

③ 人々（びと）

④ 三（さん）人

⑤ 雨の 日（ひ）

⑥ アジアの 川

⑦ 田んぼ

⑧ 人形（ぎょう）

⑨ アルプスの 山

⑩ 中（なか）川さん

かきましょう Write the correct *kanji* characters in the blank squares.

① ひとり → 一［　］

② こめ → ［　］

③ たんぼ → ［　］んぼ

④ やま → ［　］

⑤ さんにん → 三（さん）［　］

⑥ ナイルがわ → ナイル［　］

⑦ やまださん → ［　］［　］さん

⑧ あめ → ［　］

⑨ かわ → ［　］

⑩ ふたり → 二［　］

11

上

3画 〔一〕 丨 ⺊ 上

atas | အထက်၊ အပေါ် | माथि | උඩ, ඉහළ, උසස්

ジョウ 以上（いじょう） lebih dari | အထက် | अधिकतम | වැඩියි

上手な（じょうずな） pandai | တော်သော | कुशल | දක්ෂ

うえ 上（うえ） atas | အပေါ် | माथि | ඉහළ, මත

うわ 上着（うわぎ） jas | အပေါ်ဝတ်အင်္ကျီ | ज्याकेट | කබාය

上	上	上												

12

中

4画 〔丨〕 丨 冂 口 中

dalam | အထဲ၊ အလယ် | बीच | ඇතුළත, මැද

チュウ 中学校（ちゅうがっこう） SMP | အလယ်တန်းကျောင်း | जुनियर हाई स्कूल | ද්විතීක පාසැල

中学生（ちゅうがくせい） siswa SMP | အလယ်တန်းကျောင်းသား | जुनियर हाई स्कूलविद्यार्थी | ද්විතීක පාසැල් ශිෂ්‍යයා

午前中（ごぜんちゅう） pagi hari | မနက်ခင်းပိုင်း | बिहानमा | උදෑසන කාලයේ

ジュウ 世界中（せかいじゅう） seluruh dunia | တကမ္ဘာလုံး | संसारभर | ලොව පුරා

なか 中（なか） dalam | အတွင်း | भित्र | ඇතුළත

田中（たなか） Tanaka (nama) | တာနခ(ဂျပန်လူမျိုး အမည်) | तनाका (जापानी उपनाम) | තනක (ජපන් වාසගමක්)

中	中	中												

13

下

3画 〔一〕 一 丅 下

bawah | အောက် | तल | පහළ, යට, පහත්

カ 地下鉄（ちかてつ） kereta bawah tanah | မြေအောက်ရထား | सबवे,अण्डरग्राउन्ड ट्रेन | උමං දුම්රිය මාර්ගය

した 下（した） bawah | အောက် | तल | යට, පහත

下着（したぎ） pakaian dalam | အတွင်းခံ | अंडरवियर | යට ඇඳුම්

OO 下手な（へたな） bodoh | ညံ့သော | अकुशल | අදක්ෂ

下	下	下												

14

左

5画 〔工〕 一 ナ 𠂇 左 左

kiri | လက်ဝဲ | बाया | වම

ひだり 左（ひだり） kiri | လက်ဝဲဘက် | बायाँ | වම

左	左	左												

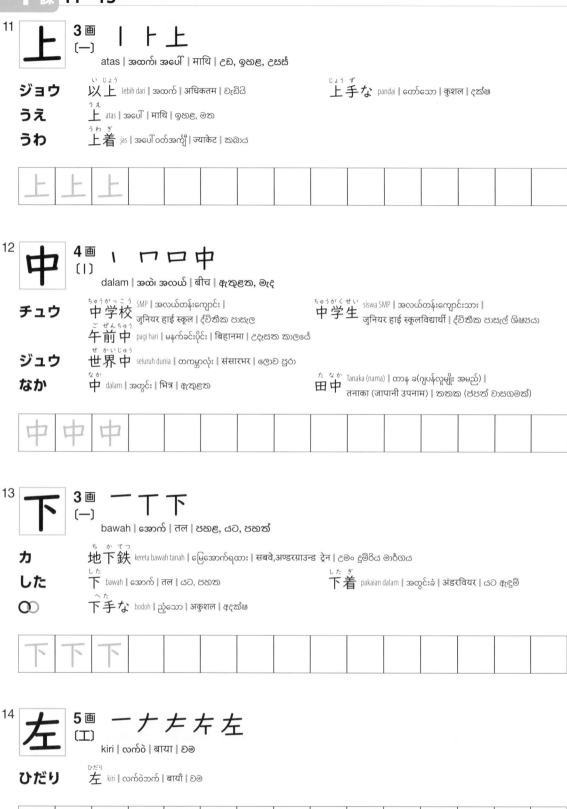

15 **右** 5画 〔口〕 ノ ナ 才 右 右

kanan | လက်ယာ | दाया | දකුණ

みぎ 右（みぎ） kanan | လက်ယာဘက် | दाहिना | දකුණ

右	右	右												

よみましょう Write the reading of the following *kanji* in *hiragana*.

① 下着（ぎ）

② 左と右

③ 下手な

④ 世界（せかい）中

⑤ 上着（ぎ）

⑥ 上と下

⑦ 以（い）上

⑧ 中学校（がっこう）

⑨ 午前（ごぜん）中

⑩ 上手な

かきましょう Write the correct *kanji* characters in the blank squares.

① たなかさん → □□さん

② した → □

③ ひだり → □

④ ちゅうがくせい → □学生（がくせい）

⑤ ちかてつ → 地（ち）□鉄（てつ）

⑥ うえ → □

⑦ せかいじゅう → 世界（せかい）□

⑧ みぎ → □

⑨ いじょう → 以（い）□

⑩ ごぜんちゅう → 午前（ごぜん）□

16 **明** 8画〔日〕 丨 冂 月 日 旫 明 明 明

terang | တောက်ပခြင်း၊ အလင်း | प्रकाश | දීප්තිමත්, ආලෝකය

メイ 説明する（せつめい） menjelaskan | ရှင်းပြသည် | व्याख्या गर्नु | විස්තර කරනවා

あか-るい 明るい（あか） terang | ပွင့်လင်းသော | उज्यालो | දීප්තිමත්, ආලෝකය

◯◯ 明日（あした／あす） besok | မနက်ဖြန် | भोलि | හෙට

明 明 明

17 **休** 6画〔亻〕 ノ 亻 亻一 什 休 休

istirahat | အနားယူခြင်း | विश्राम | විවේකය

やす-む 休む（やす） beristirahat, bercuti | အနားယူသည် | विश्राम गर्नु, विश्राम गर्नु | විවේක ගැනීම, නොපැමිණීම

休み（やす） istirahat, cuti | နားရက် | छुट्टी - विश्राम, बिदा, छुट्टी, अनुपस्थिति | විවේකය, නිවාඩු දිනය, නොපැමිණීම

昼休み（ひるやす） istirahat siang | နေ့လယ် နားချိန် | दिउँसोको | දහවල් විවේකය

休 休 休

18 **林** 8画〔木〕 一 十 才 木 木一 村 材 林

hutan | သစ်တော | वन | ලඳු කැළය

はやし 林（はやし） hutan, Hayashi (nama) | သစ်တော၊ ဟာရာရှိ (ဂျပန်အမည်) | वन, हायासी (जापानी उपनाम) | ලඳු කැළය, හයෂි (ජපන් වාසගමක්)

林 林 林

19 **森** 12画〔木〕 一 十 才 木 木 木 木 木 森 森 森 森

hutan lebat | တောအုပ် | जंगल | වනාන්තරය

もり 森（もり） hutan, Mori (nama) | တောအုပ်၊ မိုရိ (ဂျပန်အမည်) | जंगल, मोरी (जापानी उपनााम) | කැළය, මොරි (ජපන් වාසගමක්)

森 森 森

20 **好** 6画 〔女〕 く 𡿨 女 好 好 好

suka | နှစ်သက်ခြင်း | मनपर्ने | කැමතියි

す-く　好(す)きな suka | ကြိုက်နှစ်သက်သော | मनपर्ने | කැමතියි　大好(だいす)きな sangat suka | အလွန်ကြိုက်နှစ်သက်သော | मनपर्ने एकदम | වඩාත් කැමති

好	好	好												

よみましょう　Write the reading of the following *kanji* in *hiragana.*

① 昼(ひる)休み　② 明るい

③ 森さん　④ 休みます

⑤ 説(せつ)明します　⑥ 林さん

⑦ 好きな　⑧ 森の中

かきましょう　Write the correct *kanji* characters in the blank squares.

① だいすきな → 大(だい)□きな　② ひるやすみ → 昼(ひる)□み

③ あかるい → □るい　④ もり → □

⑤ せつめいします → 説(せつ)□します　⑥ やすみます → □みます

⑦ はやしさん → □さん　⑧ あした → □日

✻ 繰(く)り返(かえ)し符号(ふごう)

「人々(ひとびと)」のように同(おな)じ漢字(かんじ)１字(じ)を繰(く)り返(かえ)すとき、「々」を使(つか)います。ほかに、「国々(くにぐに)」「代々木(よよぎ)」などの例(れい)があります。

✻ Reduplication sign

If the same *kanji* character appears twice in a raw as in 人々, the reduplication sign 々 is used instead of the second character. Some other examples include 国々, 代々木, etc.

もんだい1　よみましょう　Write the reading of the following *kanji* in *hiragana*.

① 大好きな　　　　　② 大人

③ 上手な　　　　　　④ 下手な

⑤ 森と 林　　　　　⑥ 田中さんと 山田さん

⑦ ナイル川　　　　　⑧ 日本人

⑨ 一人　　　　　　　⑩ 女の人と 男の子

もんだい2　かきましょう　Write the correct *kanji* characters in the blank squares.

① やすみ → ☐み　　　　② なか → ☐

③ くるま → ☐　　　　　④ あめ → ☐

⑤ こめ → ☐　　　　　　⑥ あかるい → ☐るい

⑦ みぎとひだり → ☐と☐　⑧ うえと した → ☐と☐

⑨ すきな → ☐きな　　　　⑩ おとこのひと → ☐の☐

もんだい3　何画目に かきますか　Write the consecutive stroke number in the following *kanji*.

れい　(1)人(2)

① (　)川(　)
　(　)

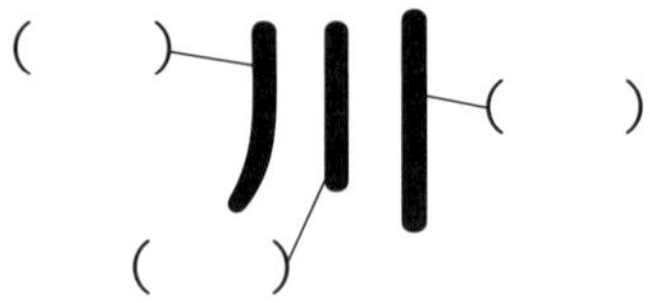

② (　)山(　)
(　)

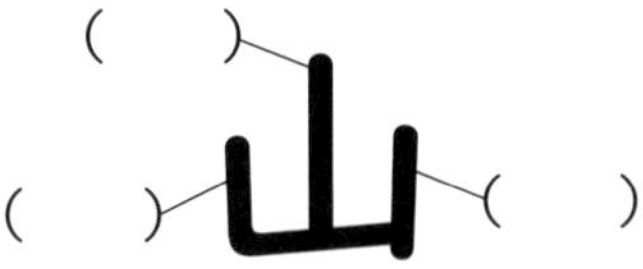

③ (　)女(　)
(　)

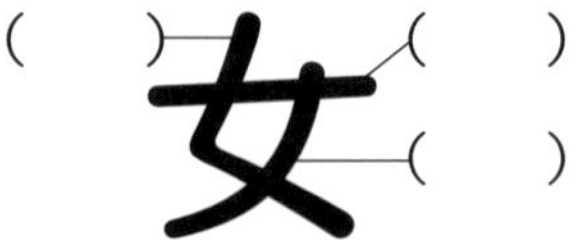

📖 **ふりかえり** Review

→ 日本語で漢字がどのように使われているかがわかる。　　はい ・ いいえ
Understand how *kanji* are used in Japanese.　　　　　　Yes　　No

→ 1課で勉強した漢字を読んだり、書いたりできる。　　はい ・ いいえ
Read and write *kanji* you learned in lesson 1.　　　　　Yes　　No

数字と色〔すうじ〕〔いろ〕 Number and Color

この課で学ぶこと〔か〕〔まな〕　数字や色を表す漢字について考えましょう。〔すうじ〕〔いろ〕〔あらわ〕〔かんじ〕〔かんが〕
What You Will Learn From This Lesson

①

百円セール

一九八〇円

SALE

十二月二十日〜三十一日セール!!

②

16000

千　円
五千円
一万円

❋ 日本語の書き方〔にほんご〕〔か〕〔かた〕

日本語は、伝統的には縦書きです。今でも、〔にほんご〕〔でんとうてき〕〔たてが〕〔いま〕
新聞や小説、辞書などは縦書きです。〔しんぶん〕〔しょうせつ〕〔じしょ〕〔たてが〕

最近は、横書きのものが増えています。数〔さいきん〕〔よこが〕〔ふ〕〔すう〕
字は、原則として縦書きのときは、漢字の数〔じ〕〔げんそく〕〔たてが〕〔かんじ〕〔すう〕
字を使います。横書きのときは、アラビア数〔じ〕〔つか〕〔よこが〕〔すう〕
字を使います。そうではない場合もあります。〔じ〕〔つか〕〔ばあい〕

❋ How to Write Japanese

Traditionally, Japanese is written vertically. Vertical writing is used to this day in publications such as newspapers, novels, and dictionaries.

Recently, horizontal writing has become more common. In general, *Kanji* numerals are used for vertical writing. Arabic numerals are used for horizontal writing.

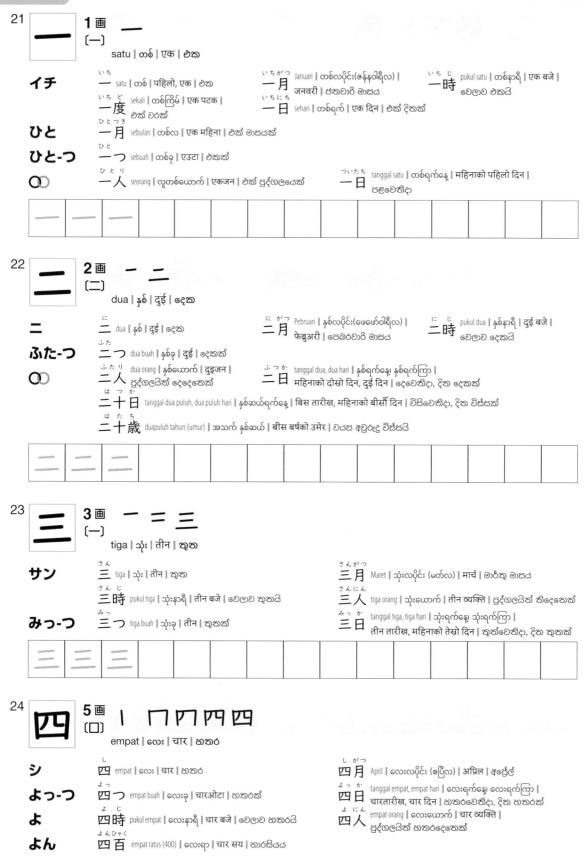

21 一

1画 一
〔一〕
satu | တစ် | एक | එක

イチ
- 一（いち） satu | တစ် | पहिलो, एक | එක
- 一月（いちがつ） Januari | တစ်လပိုင်း(ဇန်နဝါရီလ) | जनवरी | ජනවාරි මාසය
- 一時（いちじ） pukul satu | တစ်နာရီ | एक बजे | වෙලාව එකයි
- 一度（いちど） sekali | တစ်ကြိမ် | एक पटक | එක් වරක්
- 一日（いちにち） sehari | တစ်ရက် | एक दिन | එක් දිනක්

ひと
- 一月（ひとつき） sebulan | တစ်လ | एक महिना | එක් මාසයක්

ひと-つ
- 一つ（ひとつ） sebuah | တစ်ခု | एउटा | එකක්

◎
- 一人（ひとり） seorang | လူတစ်ယောက် | एकजना | එක් පුද්ගලයෙක්
- 一日（ついたち） tanggal satu | တစ်ရက်နေ့ | महिनाको पहिलो दिन | පළවෙනිදා

22 二

2画 一 二
〔二〕
dua | နှစ် | दुई | දෙක

ニ
- 二（に） dua | နှစ် | दुई | දෙක
- 二月（にがつ） Pebruari | နှစ်လပိုင်း(ဖေဖော်ဝါရီလ) | फेब्रुअरी | පෙබරවාරි මාසය
- 二時（にじ） pukul dua | နှစ်နာရီ | दुई बजे | වෙලාව දෙකයි

ふた-つ
- 二つ（ふたつ） dua buah | နှစ်ခု | दुई | දෙකක්

◎
- 二人（ふたり） dua orang | နှစ်ယောက် | दुइजना | පුද්ගලයින් දෙදෙනෙක්
- 二日（ふつか） tanggal dua, dua hari | နှစ်ရက်နေ့၊ နှစ်ရက်ကြာ | महिनाको दोस्रो दिन, दुई दिन | දෙවෙනිදා, දින දෙකක්
- 二十日（はつか） tanggal dua puluh, dua puluh hari | နှစ်ဆယ်ရက်နေ့ | बिस तारीख, महिनाको बीसौँ दिन | විසිවෙනිදා, දින විස්සක්
- 二十歳（はたち） duapuluh tahun (umur) | အသက် နှစ်ဆယ် | बीस बर्षको उमेर | වයස අවුරුදු විස්සයි

23 三

3画 一 二 三
〔一〕
tiga | သုံး | तीन | තුන

サン
- 三（さん） tiga | သုံး | तीन | තුන
- 三月（さんがつ） Maret | သုံးလပိုင်း (မတ်လ) | मार्च | මාර්තු මාසය
- 三時（さんじ） pukul tiga | သုံးနာရီ | तीन बजे | වෙලාව තුනයි
- 三人（さんにん） tiga orang | သုံးယောက် | तीन व्यक्ति | පුද්ගලයින් තිදෙනෙක්

みっ-つ
- 三つ（みっつ） tiga buah | သုံးခု | तीन | තුනක්
- 三日（みっか） tanggal tiga, tiga hari | သုံးရက်နေ့၊ သုံးရက်ကြာ | तीन तारीख, महिनाको तेस्रो दिन | තුන්වෙනිදා, දින තුනක්

24 四

5画 丨 冂 四 四 四
〔口〕
empat | လေး | चार | හතර

シ
- 四（し） empat | လေး | चार | හතර
- 四月（しがつ） April | လေးလပိုင်း (ဧပြီလ) | अप्रिल | අප්‍රේල්

よっ-つ
- 四つ（よっつ） empat buah | လေးခု | चारओटा | හතරක්
- 四日（よっか） tanggal empat, empat hari | လေးရက်နေ့၊ လေးရက်ကြာ | चारतारीख, चार दिन | හතරවෙනිදා, දින හතරක්

よ
- 四時（よじ） pukul empat | လေးနာရီ | चार बजे | වෙලාව හතරයි
- 四人（よにん） empat orang | လေးယောက် | चार व्यक्ति | පුද්ගලයින් හතරදෙනෙක්

よん
- 四百（よんひゃく） empat ratus (400) | လေးရာ | चार सय | හාරසියය

四 四 四

25 **五** 4画 〔二〕 一 丁 五 五

lima | ငါး | पाँच | පහ

ゴ

五(ご) lima | ငါး | पाँच | පහ

五時(ごじ) pukul lima | ငါးနာရီ | पाँच बजे | වෙලාව පහයි

五月(ごがつ) Mei | ငါးလပိုင်း (မေလ) | मे | මැයි මාසය

五人(ごにん) lima orang | ငါးယောက် | पाँच व्यक्ति | පුද්ගලයින් පස්දෙනෙක්

いつ

五日(いつか) tanggal lima, lima hari | ငါးရက်နေ့, ငါးရက်ကြာ | पाँच दिन ,महिनाको पाँचौँ दिन | පස්වෙනිදා, දින පහක්

いつ-つ

五つ(いつつ) lima buah | ငါးခု | पाँच ओटा | පහක්

五 五 五

よみましょう　Write the reading of the following *kanji* in *hiragana*.

① 四時(じ)　② 二月二日

③ 三人　④ 二十歳

⑤ 五月五日　⑥ 四月二十日

⑦ 四月四日　⑧ 一月一日

⑨ 二人　⑩ 三月三日

かきましょう　Write the correct *kanji* characters in the blank squares.

① しがついつか → □月(がつ)□日(か)　② みっか → □日(か)

③ ふたつ → □□　④ よにん → □□

⑤ みっつ → □□　⑥ ひとつ → □□　⑦ いつつ → □□

⑧ いちにち → □日(にち)　⑨ よっつ → □□　⑩ ふつか → □日(か)

26 **六** 4画 〔八〕 丶 亠 六 六

enam | ခြောက် | छ | හය

ロク
- 六（ろく） enam | ခြောက် | छ | හය
- 六月（ろくがつ） Juni | ခြောက်လပိုင်း(ဇွန်လ) | जून | ජුනි මාසය
- 六時（ろくじ） pukul enam | ခြောက်နာရီ | छ बजे | වෙලාව හයයි
- 六人（ろくにん） enam orang | ခြောက်ယောက် | छ व्यक्ति (जन) | පුද්ගලයින් හයදෙනෙක්
- 六百（ろっぴゃく） enam ratus | ခြောက်ရာ | छ सय | හයසියය

むっ-つ
- 六つ（むっつ） enam buah | ခြောက်ခု | छ ओटा | හයක්

むい
- 六日（むいか） tanggal enam, enam hari | ခြောက်ရက်နေ့, ခြောက်ရက်ကြာ | छैटौँ दिन महिनाको छैटौँ दिन | හයවෙනිදා, දින හයක්

六 六 六

27 **七** 2画 〔一〕 一 七

tujuh | ခုနစ် | सात | හත

シチ
- 七（しち） tujuh | ခုနစ် | सात | හත
- 七月（しちがつ） Juli | ခုနစ်လပိုင်း (ဇူလိုင်လ) | जुलाई | ජුලි මාසය
- 七時（しちじ） pukul tujuh | ခုနစ်နာရီ | सात बजे | වෙලාව හතයි
- 七人（しちにん） tujuh orang | ခုနစ်ယောက် | सात व्यक्ति | පුද්ගලයින් හත්දෙනෙක්

なな
- 七人（ななにん） tujuh orang | ခုနစ်ယောက် | सात व्यक्ति | පුද්ගලයින් හත්දෙනෙක්

なな-つ
- 七つ（ななつ） tujuh buah | ခုနစ်ခု | सात ओटा | හතක්

なの
- 七日（なのか） tanggal tujuh, tujuh hari | ခုနစ်ရက်နေ့, ခုနစ်ရက်ကြာ | सात दिन महिनाको सातौँ दिन | හත්වෙනිදා, දින හතක්

七 七 七

28 **八** 2画 〔八〕 ノ 八

delapan | ရှစ် | आठ | අට

ハチ
- 八（はち） delapan | ရှစ် | आठ | අට
- 八月（はちがつ） Agustus | ရှစ်လပိုင်း (ဩဂုတ်လ) | अगस्त | අගෝස්තු මාසය
- 八時（はちじ） pukul delapan | ရှစ်နာရီ | आठ बजे | වෙලාව අටයි
- 八人（はちにん） delapanorang | ရှစ်ယောက် | आठव्यक्ति | පුද්ගලයින් අටදෙනෙක්
- 八百（はっぴゃく） delapan ratus | ရှစ်ရာ | आठ सय | අටසියය

やっ-つ
- 八つ（やっつ） delapan buah | ရှစ်ခု | आठ ओटा | අටක්

よう
- 八日（ようか） tanggal delapan | ရှစ်ရက်နေ့, ရှစ်ရက်ကြာ | आठौँ दिन महिनाको आठौँ दिन | අටවෙනිදා, දින අටක්

◯◯
- 八百屋（やおや） toko sayuran | ဟင်းသီးဟင်းရွက်နှင့်အသီးအနှံဆိုင် | तरकारी पसल | පළතුරු සහ එළවළු වෙළඳසැල

八 八 八

29 **九** 2画 〔乙〕 ノ 九

sembilan | ကိုး | नौ | නවය

キュウ
- 九（きゅう） sembilan | ကိုး | नौ | නමය
- 九人（きゅうにん） sembilan orang | ကိုးယောက် | नौ व्यक्ति | පුද්ගලයින් නමදෙනෙක්
- 九百（きゅうひゃく） sembilan ratus | ကိုးရာ | नौ सय | නමසියය

ク
- 九月（くがつ） September | ကိုးလပိုင်း(စက်တင်ဘာလ) | सेप्टेम्बर | සැප්තැම්බර් මාසය
- 九時（くじ） pukul sembilan | ကိုးနာရီ | नौ बजे | වෙලාව නමයයි
- 九人（くにん） sembilan orang | ကိုးယောက် | नौ व्यक्ति | පුද්ගලයින් නමදෙනෙක්

ここの
- 九日（ここのか） tanggal sembilan, sembilan hari | ကိုးရက်နေ့, ကိုးရက်ကြာ | नवौं दिन महिनाको नवौं दिन | නමවෙනිදා, දින නමයක්

ここの-つ
- 九つ（ここのつ） sembilan buah | ကိုးခု | नौ ओटा | නමයක්

九 九 九

30 **十** 2画 〔十〕 一 十

sepuluh | တစ်ဆယ် | दश | දහය

ジュウ

- 十（じゅう） sepuluh | တစ်ဆယ် | दस | දහය
- 十時（じゅうじ） pukul sepuluh | ဆယ်နာရီ | दस बजे | වෙලාව දහයයි
- 十分（じゅっぷん） sepuluh menit | ဆယ် မိနစ် | दस मिनेट | මිනිත්තු දහයක්
- 十月（じゅうがつ） Oktober | ဆယ်လပိုင်း (အောက်တိုဘာလ) | अक्टोबर | ඔක්තෝම්බර් මාසය
- 十一月（じゅういちがつ） Nopember | ဆယ့်တစ်လပိုင်း (နိုဝင်ဘာလ) | नोभेम्बर | නොවැම්බර් මාසය
- 十二月（じゅうにがつ） Desember | ဆယ့်နှစ်လပိုင်း (ဒီဇင်ဘာလ) | डिसेम्बर | දෙසැම්බර් මාසය

ジッ

- 十分（じっぷん） sepuluh menit | ဆယ် မိနစ် | दस मिनेट | මිනිත්තු දහයක්

とお

- 十（とお） sepuluh | တစ်ဆယ် | दस | දහය
- 十日（とおか） tanggal sepuluh, sepuluh hari | ဆယ်ရက်နေ့၊ ဆယ်ရက်ကြာ | दस दिन, महिनाको दसौँ दिन | දහවෙනිදා, දින දහයක්

○○

- 二十日（はつか） tanggal dua puluh, dua puluh hari | နှစ်ဆယ်ရက်နေ့ | बिस तारीख, महिनाको बीसौँ दिन | විසිවෙනිදා, දින විස්සක්
- 二十歳（はたち） dua puluh tahun (umur) | အသက်နှစ်ဆယ် | बीस वर्ष | වයස අවුරුදු විස්සයි

十 十 十

よみましょう Write the reading of the following *kanji* in *hiragana.*

① 七時（じ）　② 十一月一日

③ 九時（じ）　④ 八月八日

⑤ 十二月二十日　⑥ 九月九日

⑦ 六月六日　⑧ 十月十日

⑨ 七月七日　⑩ 八時（じ）

かきましょう Write the correct *kanji* characters in the blank squares.

① ここのつ→□□　② なのか→□日（か）

③ じゅういちじ→□□時（じ）　④ むっつ→□□

⑤ じゅうじ→□時（じ）　⑥ やっつ→□□　⑦ ろくじ→□時（じ）

⑧ ようか→□日（か）　⑨ とお→□　⑩ ななつ→□□

31 **百**

6画 〔白〕

seratus | ရာ | सय | සියය

ヒャク

百（ひゃく） seratus | တစ်ရာ | सय | සියය

三百（さんびゃく） tiga ratus | သုံးရာ | तीन सय | තුන්සියය

六百（ろっぴゃく） enam ratus | ခြောက်ရာ | छ सय | හයසියය

八百（はっぴゃく） delapan ratus | ရှစ်ရာ | आठ सय | අටසියය

○○ 八百屋（やおや） toko sayuran | ဟင်းသီးဟင်းရွက်နှင့်အသီးအနှံဆိုင် | तरकारी पसल | පළතුරු සහ එළවළු වෙළඳසැල

32 **千**

3画 〔十〕

seribu | ထောင် | हजार | දහස

セン

千（せん） seribu | တစ်ထောင် | हजार | දහස

千円（せんえん） seribu yen | ယန်း တစ်ထောင် | हजार येन | යෙන් දහසක්

三千（さんぜん） tiga ribu | သုံးထောင် | तीन हजार | තුන්දහස

八千（はっせん） delapan ribu | ရှစ်ထောင် | आठ हजार | අටදහස

33 **万**

3画 〔一〕

sepuluh ribu | သောင်း | दस हजार | දසදහස

マン

一万（いちまん） sepuluh ribu | တစ်သောင်း | दश हजार | දසදහස

百万（ひゃくまん） satu juta | ဆယ်သိန်း | एक मिलियन | මිලියනය

34 **円**

4画 〔口〕

lingkaran, yen | အဝိုင်း၊ ယန်း | वृत्त, येन (जापानी मुद्रा) | වෘත්තය, යෙන්

エン

円（えん） lingkaran, yen | စက်ဝိုင်း | गोलाकार,येन | වෘත්තය

～円（えん） ～yen | ～ယန်း (ဂျပန်ငွေကြေး ရေတွက်သော စကားလုံး) | येन | ～යෙන්

35 **色** 6画 ノ ク ㄅ 各 多 色
〔色〕
warna | အရောင် | रङ्ग | වර්ණ

いろ 色（いろ） warna | အရောင် | रंग | වර්ණ

色	色	色												

よみましょう Write the reading of the following *kanji* in *hiragana.*

① 九十万人
② オレンジ色
③ 一万九千円
④ 千六百円
⑤ 八百屋
⑥ 三千円
⑦ 七百万人
⑧ 八千円
⑨ 六千八百円
⑩ 三百円

かきましょう Write the correct *kanji* characters in the blank squares.

① いちまんえん → □□□
② せんえん → □□
③ ひゃくまんにん → □□□
④ いちえん → □□
⑤ いろ → □
⑥ じゅうまんにん → □□□
⑦ ひゃくえん → □□
⑧ じゅうえん → □□
⑨ ごせんえん → □□□
⑩ ごじゅうえん → □□□

36 白 **5画** 〔白〕 ′ ⼁ ⼌ 白 白
putih | အဖြူ | सेतो | සුදු

しろ 　白 putih | အဖြူရောင် | सेतो | සුදු

しろ-い 　白い putih | ဖြူသော | सेतो | සුදු පාට

白	白	白														

37 黒 **11画** 〔黒〕 ⼁ ⼌ ⼌ 日 甲 甲 里 里 黒 黒 黒
hitam | အနက်၊ အမဲ | कालो | කළු

くろ 　黒 hitam | အနက်ရောင် | कालो | කළු

くろ-い 　黒い hitam | နက်သော၊ မဲသော | कालो | කළු පාට

黒	黒	黒														

38 赤 **7画** 〔赤〕 一 十 土 赤 赤 赤 赤
merah | အနီ | रातो | රතු

あか 　赤 merah | အနီ | रातो | රතු 　　　　　赤ちゃん bayi | မွေးကင်းစ ကလေးငယ် | बच्चा | ළදරුවා

あか-い 　赤い merah | နီသော | रातो | රතු පාට

赤	赤	赤														

39 青 **8画** 〔青〕 一 十 キ 主 青 青 青 青
biru | အပြာ | निलो | නිල්

あお 　青 biru | အပြာ | निलो | නිල්

あお-い 　青い biru | ပြာသော | निलो | නිල් පාට

青	青	青														

40 黄 **11**画 〔黄〕 一 十 艹 芊 芦 芦 芾 芾 苗 黄 黄

kuning | အဝါ | पहेंलो | කහ

き

黄色 kuning | အဝါရောင် | पहेंलो | කහ
き いろ

黄色い kuning | ဝါသော | पहेंलो | කහ පාට
き いろ

黄	黄	黄												

🗣 **よみましょう** Write the reading of the following *kanji* in *hiragana*.

① その 黄色い シャツは いくらですか。 How much is that yellow shirt?

② あの 赤ちゃんは 女の子です。 That baby is a girl.

③ 私は 白が 好きです。 I like white color.
わたし

④ この 黒いペンは 山田さんのです。 This black pen is Yamada's one.

⑤ 田中さんの 車は 青いです。 Mr. Tanaka's car is a blue one.

✏ **かきましょう** Write the correct *kanji* characters in the blank squares.

① あか → ☐ ② しろ → ☐

③ あおい → ☐☐ ④ くろい → ☐☐

⑤ きいろい → ☐☐☐ ⑥ しろい → ☐☐

⑦ くろ → ☐ ⑧ あかい → ☐☐

⑨ きいろ → ☐☐ ⑩ あお → ☐

もんだい1 **よみましょう** Write the reading of the following *kanji* in *hiragana*.

① 一人

② 二月二十日

③ 四人

④ 七月五日

⑤ 一万三千六百五十円

⑥ 三つ

⑦ 六つ

⑧ 赤と青

⑨ 九つ

⑩ 八百屋

もんだい2 **かきましょう** Write the correct *kanji* characters and *hiragana* in the blank squares.

① くがつとおか → ☐ 月 ☐ 日

② きいろ → ☐☐

③ ふたつ → ☐☐

④ しろいくるま → ☐☐☐

⑤ さんがつよっか → ☐ 月 ☐ 日

⑥ しがつようか → ☐ 月 ☐ 日

⑦ ごせんえん → ☐☐☐

⑧ ひゃくまんにん → ☐☐☐

⑨ しちがつここのか → ☐ 月 ☐ 日

⑩ ひとり → ☐☐

もんだい3 **何画目に かきますか** Write the consecutive stroke number in the following *kanji*.

れい

(1) 人 (2)

① ( ) 万 ( )

② ( ) ( ) 四 ( ) ( )

③ ( ) 五 ( ) ( )

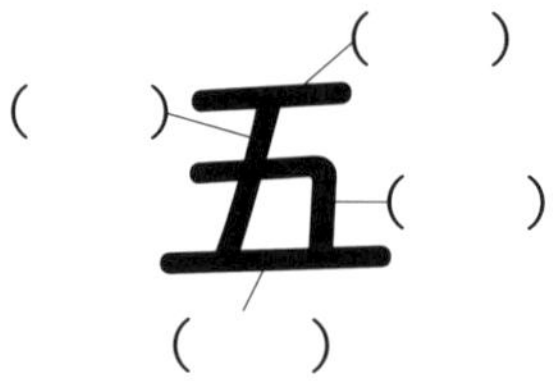

📖 **ふりかえり** Review

→ 漢数字と色の漢字が使われている単語を見て、意味がわかる。
Understand the meaning of words that include *kanji* for numbers and colors when you see them.

はい ・ いいえ
Yes   No

→ 2課で勉強した漢字を読んだり、書いたりできる。
Read and write *kanji* you learned in lesson 2.

はい ・ いいえ
Yes   No

おぼえましょう1

月 Month

いちがつ 一月	ご がつ 五月	く がつ 九月	なんがつ 何月
に がつ 二月	ろくがつ 六月	じゅうがつ 十月	
さんがつ 三月	しちがつ 七月	じゅういち がつ 十一月	
し がつ 四月	はちがつ 八月	じゅう に がつ 十二月	

日 Date

ついたち 一日	じゅういち にち 十一日	に じゅういち にち 二十一日	さん じゅういち にち 三十一日
ふつか 二日	じゅう に にち 十二日	に じゅう に にち 二十二日	
みっ か 三日	じゅうさん にち 十三日	に じゅうさん にち 二十三日	なんにち 何日
よっ か 四日	じゅうよっ か 十四日	に じゅうよっ か 二十四日	
いつ か 五日	じゅう ご にち 十五日	に じゅう ご にち 二十五日	
むい か 六日	じゅうろくにち 十六日	に じゅうろくにち 二十六日	
なの か 七日	じゅうしちにち 十七日	に じゅうしちにち 二十七日	
よう か 八日	じゅうはちにち 十八日	に じゅうはちにち 二十八日	
ここの か 九日	じゅう く にち 十九日	に じゅう く にち 二十九日	
とお か 十日	はつ か 二十日	さんじゅうにち 三十日	

❈ 色

日本語では、色の表現に、い形容詞（白い・黒い・赤い・青い・黄色い）を使うときと、名詞（白・黒・赤・青・黄色）を使うときがあります。い形容詞を使うときは、そのものの状態を表します。色の名前をいうときは、名詞を使います。

❈ Colors

In Japanese, colors can be denoted by either i-adjectives (*shiroi, kuroi, akai, aoi, kiiroi*) or nouns (*shiro, kuro, aka, ao, kiiro*). I-adjectives are normally used when referring to properties, whereas nouns are used when naming colours themselves.

赤で
ぬりましょう

青で
ぬりましょう

黒で
ぬりましょう

黄色で
ぬりましょう

❈ 送りがな

「（東京へ）いきます」を漢字で書くとき、漢字とひらがなの両方を使って、「行きます」と書きます。ひらがなで書かれた「きます」を送りがなといいます。漢字を覚えるときは、漢字だけを覚えないで、送りがなもいっしょに覚えましょう。

❈ *Okurigana*

One will notice that when writing verbs and adjectives both *kanji* and *hiragana* are used within the same word. It is because normally the part roughly corresponding to the stem is written with *kanji* and the suffixes and/or endings are written with *hiragana* as in 東京へ行きます "I am going to Tokyo". The *hiragana* part of a verb or adjective is called *okurigana*. When learning new vocabulary, one should remember which part of a word is written with *kanji* and which part is written with *hiragana*.

3課(か) 私(わたし)の 一週間(いっしゅうかん) My Schedule for the Week

この課(か)で学(まな)ぶこと What You Will Learn From This Lesson　曜日(ようび)や一週間(いっしゅうかん)にすることを表(あらわ)す漢字(かんじ)を考(かんが)えましょう。

月曜日
10:00～4:00 にほんご

火曜日
大学　アルバイト

水曜日
10:00～4:00 にほんご

木曜日
大学　アルバイト

金曜日
テスト

土曜日
6:00
林さんのたん生(じょう)日パーティー

日曜日
国(くに)へ

1　にほんごの　クラスは　何(なん)曜日ですか。
2　アルバイトは　何(なん)曜日ですか。
3　何(なん)曜日に　大学へ　行きますか。
4　土曜日の　パーティーは　何時(なんじ)に　始まりますか。
5　いつ　国(くに)へ　帰りますか。

41 **月**

4画 〔月〕 丿 冂 月 月

bulan | လ | चन्द्रमा | සඳ

ゲツ

月曜日（げつようび） Senin | တနင်္လာနေ့ | सोमबार | සඳුදා

毎月（まいげつ） tiap bulan | လတိုင်း | प्रत्येक महिना | සෑම මසකම

先月（せんげつ） bulan lalu | ပြီးခဲ့သောလ | अघिल्लोमहिना | ගිය මාසය

ガツ

一月（いちがつ） Januari | တစ်လပိုင်း (ဇန်နဝါရီလ) | जनवरी | ජනවාරි මාසය

正月（しょうがつ） tahun baru | နှစ်သစ်ကူး | नयाँ वर्ष, नयाँ वर्षको दिन | අලුත් අවුරුද්ද

つき

月（つき） bulan | လ | चन्द्रमा | සඳ

毎月（まいつき） tiap bulan | လတိုင်း | प्रत्येक महिना | සෑම මසකම

一月（ひとつき） satu bulan | တစ်လ | एक महिना | එක මාසයක්

月 月 月

42 **火**

4画 〔火〕 丶 丷 火 火

api | မီး | आगो | ගින්දර

カ

火曜日（かようび） Selasa | အင်္ဂါနေ့ | मंगलबार | අඟහරුවාදා

火事（かじ） kebakaran | မီးလောင်မှု | आगो | ගින්න

ひ

火（ひ） api | မီး | आगो | ගින්දර

火 火 火

43 **水**

4画 〔水〕 亅 才 水 水

air | ရေ | पानी | ජලය

スイ

水曜日（すいようび） Rabu | ဗုဒ္ဓဟူးနေ့ | बुधबार | බදාදා

水泳（すいえい） renang | ရေကူးခြင်း | पौडीनु | පිහිනීම

水道（すいどう） air ledeng | ရေပိုက်လိုင်း | पानीको पुर्ती | ජල සැපයුම් පද්ධතිය

みず

水（みず） air | ရေ | पानी | ජලය

水 水 水

44 **木**

4画 〔木〕 一 十 才 木

pohon | သစ်ပင် | रुख | ගස

モク

木曜日（もくようび） Kamis | ကြာသပတေးနေ့ | बिहिबार | බ්‍රහස්පතින්දා

き

木（き） pohon | သစ်ပင် | रूख | ගස

木 木 木

45 **金** 8画 〔金〕 ノ 人 人 今 今 余 余 金

emas, uang | သတ္တု၊ ရွှေ၊ ငွေ | धातु, सुन, पैसा | ලෝහ, රත්තරන්

キン　金曜日 Jum'at | သောကြာနေ့ | शुक्रबार | සිකුරාදා

かね　お金 uang | ပိုက်ဆံ | पैसा | මුදල්　　　　　お金持ちの kaya | သူဌေး | धनी | පොහොසත්

金	金	金												

😲 **よみましょう**　Write the reading of the following *kanji* in *hiragana*.

① 木曜日

② お金持ち

③ 先月

④ 火曜日

⑤ 火事

⑥ 水曜日

⑦ 正月

⑧ 金曜日

⑨ 月曜日

⑩ 水道

✏️ **かきましょう**　Write the correct *kanji* characters in the blank squares.

① おかね → お ☐

② すいようび → ☐ 曜日

③ かようび → ☐ 曜日

④ もりの き → ☐ の ☐

⑤ みず → ☐

⑥ げつようび → ☐ 曜日

⑦ もくようび → ☐ 曜日

⑧ くがつ → ☐ ☐

⑨ ひとつき → ☐ ☐

⑩ きんようび → ☐ 曜日

46 **土**

3画 〔土〕 一 十 土

tanah | မြေ | माटो | පස

ド　土曜日（どようび） Sabtu | စနေနေ့ | शनिबार | සෙනසුරාදා

∞　お土産（みやげ） oleh-oleh | ဒေသထွက်လက်ဆောင် | उपहार | සිහිවටනය, තෑගය

土	土	土												

47 **日**

4画 〔日〕

matahari, hari | နေ၊ ရက် | सूर्य, दिन | සූර්යයා, දිනය

ニチ　日曜日（にちようび） Minggu | တနင်္ဂနွေနေ့ | आइतबार | ඉරිදා

一日（いちにち） sehari | တစ်ရက် | एक दिन | එක් දිනක්

毎日（まいにち） tiap hari | နေ့တိုင်း | प्रतिदिन | සෑම දිනකම

ひ　日（ひ） matahari, hari, tanggal | နေ့ | सूर्य, दिन, मिति | ඉර, දවස, දිනය

か　二日（ふつか） tanggal dua, dua hari | နှစ်ရက်နေ့၊ နှစ်ရက်ကြာ | महिनाको दोस्रो दिन, दुई दिन | දෙවෙනිදා, දින දෙකක්

三日（みっか） tanggal tiga, tiga hari | သုံးရက်နေ့၊ သုံးရက်ကြာ | तीन तारीख, महिनाको तेस्रो दिन | තුන්වෙනිදා, දින තුනක්

∞　昨日（きのう） kemarin | မနေ့က | हिजो | ඊයෙ

今日（きょう） hari ini | ဒီနေ့ | आज | අද

明日（あした／あす） besok | မနက်ဖြန် | भोलि | හෙට

一日（ついたち） tanggal satu | တစ်ရက်နေ့ | महिनाको पहिलो दिन | පළවෙනිදා

日	日	日												

48 **曜**

18画 〔日〕

hari-hari dalam seminggu | နေ့ရက် | हप्ताको दिन | දවස

ヨウ　～曜日（ようび） ～hari | ～နေ့ | ～हप्ताको दिन | සතියේ දින

曜	曜	曜												

49 **毎**

6画 〔毋〕

tiap | တိုင်း | हरेक | සෑම

マイ　毎日（まいにち） tiap hari | နေ့တိုင်း | प्रतिदिन | සෑම දිනකම

毎週（まいしゅう） tiap minggu | အပတ်တိုင်း | प्रतिसप्ताह | සෑම සතියකම

毎朝（まいあさ） tiap pagi | မနက်တိုင်း | प्रत्येक बिहान | සෑම උදෑසනකම

毎晩（まいばん） tiap malam | ညတိုင်း | प्रति साँझ | සෑම සන්ධ්‍යාවකම

毎	毎	毎												

50 **週** 11画 〔辶〕

丿 冂 月 円 用 用 周 周 `周 調 週

minggu | တိုင်း | हप्ता | සතිය

シュウ

～週間（しゅうかん） ～minggu | ～ရက်သတ္တပတ်ကြာ | हप्ताको सप्ताह | සති～

今週（こんしゅう） minggu ini | ယခုအပတ် | यो हप्ता | මේ සතිය

先週（せんしゅう） minggu lalu | ပြီးခဲ့သောအပတ် | अघिल्लो हप्ता | ගිය සතිය

来週（らいしゅう） minggu depan | နောက်အပတ် | आउने हप्ता | ලබන සතිය

週 週 週

よみましょう Write the reading of the following *kanji* in *hiragana.*

① 来（らい）週

② 今日

③ 三月三日

④ 日曜日

⑤ お土産

⑥ 毎日

⑦ 今（こん）週

⑧ 土曜日

⑨ 昨日

⑩ 一月一日

かきましょう Write the correct *kanji* characters in the blank squares.

① まいしゅう → □□

② ついたち → □□

③ どようび → □□□

④ あした → □□

⑤ にちようび → □□□

⑥ やすみの ひ → □みの□

⑦ いちにち → □□

⑧ みっか → □□

⑨ せんしゅう → 先（せん）□

51 行 6画 〔行〕 ノ ク ク 彳 行 行

pergi, melakukan | သွားခြင်း၊ ပြုမူခြင်း | जानु | යතවා, ක්‍රියාව

コウ

銀行 (ぎんこう) bank | ဘဏ် | बैंक | බැංකුව

急行 (きゅうこう) kereta ekspres | အမြန်ရထား | एक्सप्रेस रेल | සීඝ්‍රගාමී (දුම්රිය)

旅行する (りょこう) berwisata | ခရီးသွားသည် | यात्रा गर्नु | සංචාරය කරනවා

飛行機 (ひこうき) pesawat | လေယာဉ်ပျံ | विमान | ගුවන්යානය

い-く 行く (い) pergi | သွားသည် | जानु | යතවා

おこな-う 行う (おこな) menyelenggarakan | ကျင်းပသည်၊ ပြုလုပ်သည် | गर्नु - गर्नु, काम गर्नु | කරනවා, ක්‍රියාකරනවා

行 行 行

52 来 7画 〔人〕 一 ㇒ ㇀ ㇅ ㇉ 平 来 来

datang | လာခြင်း | आउनु | එනවා

ライ

来週 (らいしゅう) minggu depan | နောက်အပတ် | आउने हप्ता | ලබන සතිය

来年 (らいねん) tahun depan | နောက်နှစ် | आउने वर्ष | ලබන අවුරුද්ද

来月 (らいげつ) bulan depan | နောက်လ | आउने महिना | ලබන මාසය

く-る 来る (く) datang | လာသည် | आउनु | එනවා

※「来ます (き)」「来て (き)」「来ない (こ)」「来た (き)」と読みます。

来 来 来

53 帰 10画 〔巾〕 ㇑ ㇉ ㇉㇀ ㇉㇀ ㇉㇀ ㇉�/ㄱ ㇉㇙ 帰 帰 帰

pulang | ပြန်လာခြင်း | फर्कनु | ආපසු එනවා

かえ-る 帰る (かえ) pulang | ပြန်သည်၊ ပြန်လာသည် | फर्कनु | ආපසු එනවා

帰 帰 帰

54 始 8画 〔女〕 ㇐ ㇄ 女 女 始 始 始 始

mulai | စတင်ခြင်း | शुरु गर्नु | ආරම්භ කරනවා

はじ-まる 始まる (はじ) mulai | စတင်သည် | सुरु हुनु | ආරම්භ වෙනවා

はじ-める 始める (はじ) memulai | စတင်သည် | सुरु गर्नु | ආරම්භ කරනවා

始 始 始

55 **終** 11画〔糸〕 く 幺 幺 糸 糸 糸 糸 紁 終 終 終

berakhir | ပြီးဆုံးခြင်း | समाप्ति | අවසන් කරනවා

お-わる 終（お）わる berakhir | ပြီးဆုံးသည် | समाप्त हुनु, समाप्त गर्नु | අවසන් කරනවා

終	終	終												

よみましょう Write the reading of the following *kanji* in *hiragana.*

① 終わります
② 行きます
③ 来ます
④ 急（きゅう）行
⑤ 帰ります
⑥ 来る
⑦ 始めます
⑧ 銀（ぎん）行
⑨ 来ない
⑩ 来月

かきましょう Write the correct *kanji* characters in the blank squares.

① いきます→□□□□
② らいしゅう→□□
③ おわります→□□□□□
④ ひこうき→飛（ひ）□機（き）
⑤ はじめます→□□□□
⑥ かえります→□□□□
⑦ くる→□□
⑧ おこなう→□□
⑨ りょこうします→旅（りょ）□□□□
⑩ きます→□□□

自動詞（じどうし）と他動詞（たどうし）

動詞（どうし）には自動詞（じどうし）と他動詞（たどうし）があります。目的語（もくてきご）を取（と）る動詞（どうし）が他動詞（たどうし）、目的語（もくてきご）を取（と）らない動詞（どうし）が自動詞（じどうし）です。

3課（か）の「始（はじ）まる」は自動詞（じどうし）（例（れい）：授業（じゅぎょう）が始（はじ）まる）、「始（はじ）める」は他動詞（たどうし）（例（れい）：先生（せんせい）が授（じゅ）業（ぎょう）を始（はじ）める）です。

Intransitive Verbs and Transitive Verbs

There are two types of verbs: transitive and intransitive verbs.Verbs that require an object are transitive verbs, and verbs that do not require an object are intransitive verbs."始まる" in Lesson 3 is an intransitive verb (example: 授業が始まる (The class begins)). On the other hand, "始める" is a transitive verb (example: 先生が授業を始める (The teacher begins the class).

56 起 10画 〔走〕

bangun | မြင့်တင်ခြင်း | उठ्नु | අවදි වෙනවා

お-きる 起(お)きる bangun | နိုးသည်၊ ထသည် | उठ्नु | අවදි වෙනවා

お-こす 起(お)こす membangunkan | နှိုးသည် | उठाउनु | අවදි කරනවා

起 起 起

57 寝 13画 〔宀〕

tidur | အိပ်စက်ခြင်း | सुत्नु | නිදාගන්නවා

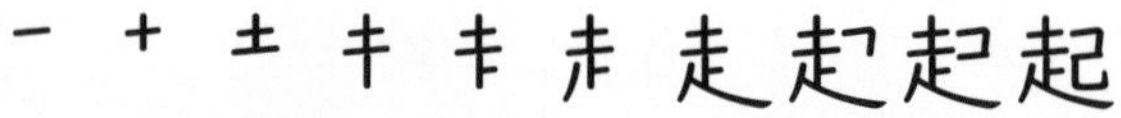

ね-る 寝(ね)る tidur | အိပ်သည် | सुत्नु | නිදාගන්නවා

寝 寝 寝

58 働 13画 〔亻〕

kerja | အလုပ်လုပ်ခြင်း | काम गर्नु | වැඩ

はたら-く 働(はたら)く bekerja | အလုပ်လုပ်သည် | काम गर्नु | වැඩකරනවා

働 働 働

59 勉 10画 〔力〕

berusaha | ကြိုးစားအားထုတ်ခြင်း | प्रयास गर्नु | උත්සාහය

ベン 勉強(べんきょう)する belajar | လေ့လာသည် | अध्ययन गर्नु | ඉගෙනගන්නවා

勉 勉 勉

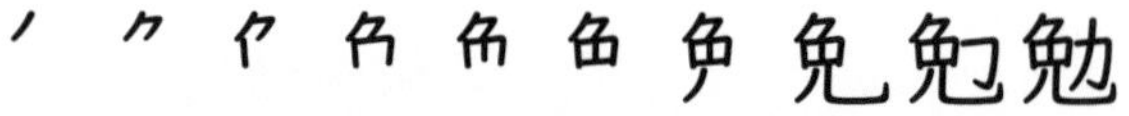

60 **強** 11画 〔弓〕 ㇆ ㇕ 弓 弘 弘 弘 弨 弨 強 強 強

kuat | သန်မာခြင်း၊ ကြိုးစားအားထုတ်ခြင်း | शक्तिशाली | ශක්තිමත්, වෑයම

キョウ 勉強（べんきょう）する belajar | လေ့လာသည် | अध्ययन गर्नु | ඉගෙනගන්නවා

つよ-い 強（つよ）い kuat | သန်မာသော | बलियो | ශක්තිමත්

強	強	強												

よみましょう Write the reading of the following *kanji* in *hiragana*.

① 毎日 勉強します。 I study every day.

② 月曜日から 金曜日まで 働きます。 I work from Monday to Friday.

③ 毎朝（あさ） 7時（じ）に 起きます。 I get up at seven every morning.

④ 昨日 11時（じ）に 寝ました。 I went to bed at eleven last night.

⑤ 今日は 風（かぜ）が 強いです。 There is a strong wind today.

かきましょう Write the correct *kanji* characters in the blank squares.

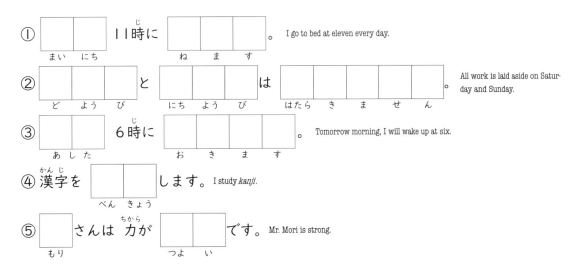

① [まい][にち] 11時（じ）に [ね][ま][す]。 I go to bed at eleven every day.

② [ど][よう][び]と [にち][よう][び]は [はたら][き][ま][せ][ん]。 All work is laid aside on Saturday and Sunday.

③ [あ した] 6時（じ）に [お][き][ま][す]。 Tomorrow morning, I will wake up at six.

④ 漢字（かんじ）を [べん][きょう]します。 I study *kanji*.

⑤ [もり]さんは 力（ちから）が [つよ][い]です。 Mr. Mori is strong.

もんだい1 **よみましょう** Write the reading of the following *kanji* in *hiragana*.

① 一月一日 　　　　　 ② きれいな 月

③ タバコの 火 　　　　 ④ 川の 水

⑤ 木の 下 　　　　　　 ⑥ 始まります

⑦ お土産 　　　　　　　 ⑧ 休みの 日

⑨ 月曜日 　　　　　　　 ⑩ 毎週

もんだい2 **かきましょう** Write the correct *kanji* characters and *hiragana* in the blank squares.

① いきます → ☐☐☐☐ 　　　 ② きます → ☐☐☐

③ かえります → ☐☐☐☐☐ 　 ④ はじめます → ☐☐☐☐

⑤ おわります → ☐☐☐☐☐ 　 ⑥ おきます → ☐☐☐☐

⑦ ねます → ☐☐☐ 　　　　　 ⑧ はたらきます → ☐☐☐☐

⑨ べんきょうします → ☐☐ します 　 ⑩ おかね → お ☐

もんだい3 **何画目に かきますか** Write the consecutive stroke number in the following *kanji*.

れい

(1) 人 (2)

① ( ) 火 ( )
　( ) 　 ( )

② ( ) 水 ( )
　( ) 　 ( )

③ ( ) 来 ( )
　( ) 　 ( )
　( ) 　 ( )

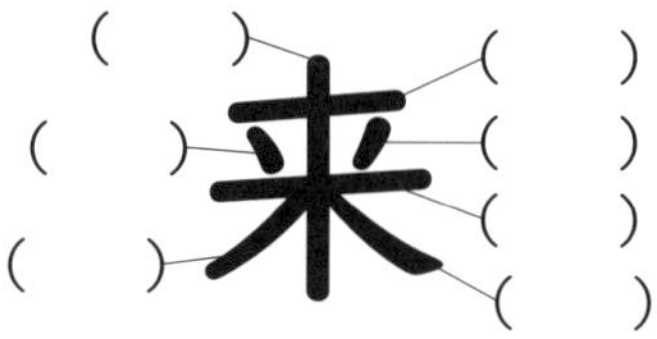

📖 **ふりかえり** Review

→ 自分の予定を漢字を使って書くことができる。
Write your schedule using *kanji*. 　　　　　　　　　 はい ・ いいえ
　　　　　　　　　　　　　　　　　　　　　　　　　　 Yes 　 No

→ 3課で勉強した漢字を読んだり、書いたりできる。
Read and write *kanji* you learned in lesson 3. 　　　　　 はい ・ いいえ
　　　　　　　　　　　　　　　　　　　　　　　　　　 Yes 　 No

4課

家族と 仕事　Family and Work

この課で学ぶこと
What You Will Learn From This Lesson

家族や仕事を表す漢字について考えましょう。

① 私の 家族

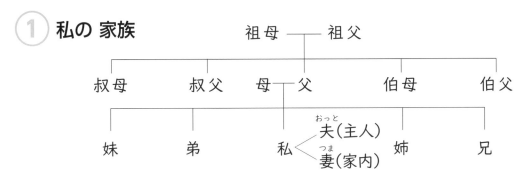

祖母 —— 祖父

叔母　　叔父　　母—父　　伯母　　伯父

妹　　弟　　私〈夫（主人）／妻（家内）　　姉　　兄

② 田中さんの 家族

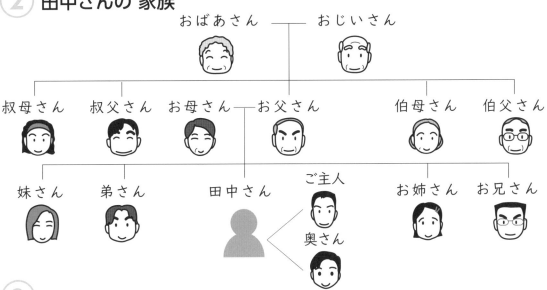

おばあさん —— おじいさん

叔母さん　叔父さん　お母さん—お父さん　　伯母さん　伯父さん

妹さん　弟さん　　田中さん〈ご主人／奥さん　　お姉さん　お兄さん

③

①会社員

②店員

③教師（先生）

④学生

⑤主婦

⑥駅員

61 **私**

7画 〔禾〕 ノ ニ 千 千 禾 私 私

saya | ကျွန်တော်၊ ကျွန်မ | म | මම

わたくし／わたし 私（わたくし／わたし） saya | ကျွန်တော်၊ ကျွန်မ | म | මම

私	私	私												

62 **家**

10画 〔宀〕 ' ' 宀 宀 宀 宇 家 家 家 家

rumah | အိမ် | घर | නිවස

カ 家族（かぞく） keluarga | မိသားစု | परिवार | පවුල

家庭（かてい） rumah tangga | အိမ် | घर | පවුල

家内（かない） istri (saya) | ဇနီး၊ မယား | (मेरो) पति, पत्नी | (තමන්ගේ) බිරිඳ

いえ 家（いえ） rumah | အိမ် | घर | නිවස

家	家	家												

63 **族**

11画 〔方〕 ' 亠 方 方 方 方 方 方 於 族 族

keluarga | မိသားစု | परिवार | පවුල

ゾク 家族（かぞく） keluarga | မိသားစု | परिवार | පවුල

族	族	族												

64 **父**

4画 〔父〕 ノ ハ 少 父

ayah | အဖေ | बाबु | පියා

フ 祖父（そふ） kakek | အဖိုး | हजुरबुबा | සීයා

ちち 父（ちち） ayah | အဖေ | बुवा(मेरो) | පියා

◎ お父さん（おとうさん） bapak | အဖေ | बुवा | පියා (වෙනත් පවුලක)

伯父（おじ）※・叔父（おじ）※ paman | ဦးလေး | अकल, काका | මාමා

※伯父（おじ） uncle（older than one's parent）・叔父（おじ） uncle（younger than one's parent）

父	父	父												

65 **母** **5画** 〔毋〕

ibu | အမေ | आमा | මව

ボ 祖母(そぼ) nenek | အဖွား | हजुरआमा | ආච්චි

はは 母(はは) ibu | အမေ | आमा(मेरो) | අම්මා

お母(かあ)さん ibu | အမေ | आमा | අම්මා (වෙනත් පවුලක)　伯母(おば)※・叔母(おば)※ tante | အဒေါ် | आँन्टी | නැන්දා

※伯母(おば) aunt（older than one's parent）・叔母(おば) aunt（younger than one's parent）

母 母 母

よみましょう Write the reading of the following *kanji* in *hiragana.*

① お父さん

② 私の 母

③ 家の 中

④ 祖(そ)父

⑤ 私

⑥ 家内(ない)

⑦ 私の 父

⑧ 祖(そ)母

⑨ お母さん

⑩ 家族

かきましょう Write the correct *kanji* characters in the blank squares.

① いえ→□

② そふ→祖(そ)□

③ ちち→□

④ おかあさん→お□さん

⑤ わたし→□

⑥ かぞく→□□

⑦ おとうさん→お□さん

⑧ はは→□

⑨ かない→□内(ない)

⑩ そぼ→祖(そ)□

66 **兄** 5画 〔儿〕 丨 ㄇ 口 尸 兄
kakak laki-laki | အကို | दाइ | අයියා

キョウ 兄弟（きょうだい） sodara | ညီအစ်ကို မောင်နှမ | दाजुभाई दिदीबहिनी | සහෝදර සහෝදරියන්
あに 兄（あに） kakak laki-laki | အစ်ကို | दाइ - ठूलो | අයියා
∞ お兄（にい）さん kakak laki-laki | အစ်ကို | ठूलोदाइ | අයියා (වෙනත් පවුලක)

兄	兄	兄												

67 **弟** 7画 〔弓〕 丶 丷 丷 当 弔 弟 弟
adik laki-laki | မောင်လေး၊ ညီလေး | भाइ | මල්ලී

ダイ 兄弟（きょうだい） sodara | ညီအစ်ကို မောင်နှမ | दाजुभाई दिदीबहिनी | සහෝදර සහෝදරියන්
おとうと 弟（おとうと） adik laki-laki | မောင်လေး၊ ညီလေး | भाइ | මල්ලී

弟	弟	弟												

68 **姉** 8画 〔女〕 く 乂 女 女' 女' 女' 姉 姉
kakak perempuan | အစ်မ | दिदी | අක්කා

あね 姉（あね） kakak perempuan | အစ်မ | दिदी | අක්කා
∞ お姉（ねえ）さん kakak perempuan | အစ်မ | ठूलो बहिनी | අක්කා (වෙනත් පවුලක)

姉	姉	姉												

69 **妹** 8画 〔女〕 く 乂 女 女' 女' 妹 妹 妹
adik perempuan | ညီမလေး | बहिनी | නංගි

いもうと 妹（いもうと） adik perempuan | ညီမလေး | बहिनी | නංගි

妹	妹	妹												

70

主 5画 〔丶〕 丶 亠 亠 主 主

utama | ဆရာ၊ အဓိက | मुख्य | මූලික, ප්‍රධාන

シュ

主人 しゅじん tuan, suami | အိမ်ထောင်ဦးစီး၊ ခင်ပွန်း | पति - मालिक, (मेरो) पति | ස්වාමියා, (තමන්ගේ) ස්වාමිපුරුෂයා

ご主人 ごしゅじん suami | အခြားသူ၏ ခင်ပွန်း | आफ्नो पति | වෙනත් අයකුගේ ස්වාමිපුරුෂයා

主婦 しゅふ ibu rumah tangga | အိမ်ရှင်မ | गृहिणी | ගෘහණිය

主	主	主												

😮 よみましょう Write the reading of the following *kanji* in *hiragana*.

① 弟

② ご主人

③ お姉さん

④ 兄

⑤ 主婦

⑥ 妹

⑦ 兄弟

⑧ お兄さん

⑨ 姉

✏️ かきましょう Write the correct *kanji* characters in the blank squares.

① おねえさん → お ☐ さん

② きょうだい → ☐☐

③ しゅじん → ☐☐

④ おにいさん → お ☐ さん

⑤ いもうと → ☐

⑥ あね → ☐

⑦ おとうと → ☐

⑧ しゅふ → ☐ 婦

⑨ あに → ☐

71

内 **4画** 〔入〕 丨 冂 内 内

dalam | အတွင်းဘက် | भित्र | ඇතුළත

ナイ

家内 istri (saya) | မိမိ၏ ဇနီး၊ မယား | (मेरो), पत्नी | (තමන්ගේ) බිරිඳ

以内 dalam | ～အတွင်း | भित्र | ඇතුළත

案内する memandu | လမ်းညွှန်သည်။ | गाइड गर्नु | මගපෙන්වනවා

内	内	内												

72

奥 **12画** 〔大〕 ′ ′ 冂 冂 冂 冋 㒳 奥 奥 奥 奥 奥

dalam | အတွင်းဆုံးပိုင်း၊ အတွင်းပိုင်း | भारी भित्र | වඩාත් ඇතුළත

おく

奥さん nyonya | အခြားသူ၏ဇနီး၊ မယား | पत्नी | වෙනත් අයකුගේ බිරිඳ

奥	奥	奥												

73

仕 **5画** 〔亻〕 ノ 亻 亻 什 仕

cara | ခစားသည်၊ လုပ်သည် | सेवा गर्नु | කරනවා

シ

仕事 pekerjaan | အလုပ်အကိုင် | काम | වැඩ, රැකියාව, රාජකාරිය

仕方 cara | လုပ်နည်း | तरिका | ක්‍රමය

仕	仕	仕												

74

事 **8画** 〔亅〕 一 亅 亓 亘 写 写 写 事

sesuatu | ကိစ္စ | काम | කාර්යය

ジ

食事 makan | အစားအစာ | भोजन | ආහාරවේල

火事 kebakaran | မီးလောင်မှု | आगो | ගිනි

用事 keperluan | အကြောင်းကိစ္စ | काम | කාර්යය

大事な penting | အရေးကြီးသော | महत्त्वपूर्ण | වැදගත්

こと

仕事 pekerjaan | အလုပ်အကိုင် | काम | වැඩ, රැකියාව, රාජකාරිය

事	事	事												

75 **生** 5画 〔生〕 ノ 𠂉 仁 牛 生

hidup | ဘဝ | जीवन | ජීවිතය

セイ
- 先生（せんせい） guru | ဆရာ/ဆရာမ | शिक्षक | ගුරුවරයා
- 学生（がくせい） mahasiswa | ကျောင်းသား ကျောင်းသူ | छात्र | ශිෂ්‍යයා
- 生徒（せいと） siswa, murid | တပည့် | छात्रा | ශිෂ්‍යයා

ショウ
- 一生懸命（いっしょうけんめい）(に) bersungguh-sungguh | အားသွန်ခွန်စိုက် (ဖြင့်) | मेहनती, परिश्रमी | උනන්දුවෙන්
- 誕生日（たんじょうび） ulang tahun | မွေးနေ့ | जन्मदिन | උපන්දිනය

い-きる
- 生（い）きる hidup | အသက်ရှင်သန်သည် | बाच्नु , जिउदो | ජීවත්වෙනවා

う-まれる
- 生（う）まれる lahir | မွေးဖွားသည် | जन्म लिनु | ඉපදෙනවා

生	生	生												

よみましょう Write the reading of the following *kanji* in *hiragana.*

① 仕事　　② 生まれます

③ 家内　　④ 火事

⑤ 一生懸命（けんめい）　　⑥ 生徒（と）

⑦ 奥さん　　⑧ 先（せん）生

⑨ 食（しょく）事　　⑩ 誕（たん）生日

かきましょう Write the correct *kanji* characters in the blank squares.

① おくさん → □さん　　② だいじな → 大□な

③ せんせい → 先（せん）□　　④ たんじょうび → 誕（たん）□日

⑤ しごと → □□　　⑥ しょくじ → 食（しょく）□

⑦ かない → □□　　⑧ がくせい → 学（がく）□

76 **先** 6画 〔儿〕 丿 𠂉 𠂒 生 屮 先

duluan | ရှေ့သို့၊ ကြိုတင်၍ | अगाडि | ඉදිරිය, ඉදිරියෙන්

セン

先生（せんせい） guru | ဆရာ/ဆရာမ | शिक्षक | ගුරුවරයා

先月（せんげつ） bulan lalu | အရင်လ | अघिल्लोमहिना | ගිය මාසය

先週（せんしゅう） minggu lalu | အရင်အပတ် | अघिल्लो हप्ता | ගිය සතිය

さき

先に（さき） duluan | အရင်၊ ဦးစွာ | पहिले | පෙර, කලින්

先 先 先

77 **学** 8画 〔子〕 丶 丷 ⺍ 𭕄 ⺍冖 学 学 学

belajar | လေ့လာခြင်း | अध्ययन गर्नु | අධ්‍යයනය කිරීම

ガク

学生（がくせい） mahasiswa | ကျောင်းသား/ကျောင်းသူ | छात्र | ශිෂ්‍යයා

学校（がっこう） sekolah | ကျောင်း | बिद्यालय | පාසැල

留学生（りゅうがくせい） mahasiswa asing | ပညာတော်သင်ကျောင်းသား | अन्तरराष्ट्रिय छात्र, विदेशी अध्ययन गर्ने छात्र | විදේශ ශිෂ්‍යයා

大学（だいがく） universitas | တက္ကသိုလ် | बिश्वविद्यालय | විශ්ව විද්‍යාලය

学 学 学

78 **会** 6画 〔𠆢〕 ノ 𠆢 亼 今 会 会

bertemu, sosial | တွေ့ဆုံခြင်း၊ လူမှုကွန်ယက် | भेट्नु | හමුවෙනවා, සමාජය

カイ

会社（かいしゃ） perusahaan | ကုမ္ပဏီ | कम्पनी | සමාගම

会話（かいわ） percakapan | စကားပြော | कुरा | සංවාදය

会議（かいぎ） rapat | အစည်းအဝေး | बैठक | සමුළුව, රැස්වීම

あ-う

会う（あ） bertemu | တွေ့ဆုံသည် | भेट्नु | හමුවෙනවා

会 会 会

79 **社** 7画 〔礻〕 丶 ラ 才 礻 礻一 社 社

kuil, perusahaan | ဗိမာန်၊ ကုမ္ပဏီ | मन्दिर, कम्पनी | පූජස්ථානය, සමාගම

シャ

会社（かいしゃ） perusahaan | ကုမ္ပဏီ | कम्पनी | සමාගම

社会（しゃかい） masyarakat | လူ့အဖွဲ့အစည်း | कम्पनी | සමාජය

神社（じんじゃ） kuil | ရှင်တိုနတ်ကွန်း | मन्दिर | ෂින්තෝ දේවස්ථානය

社 社 社

80 員 10画 〔口〕 丶 冖 冖 尸 尸 肙 肙 冒 員 員

anggota | အဖွဲ့ဝင် | सदस्य | සාමාජිකයා

イン

会社員 かいしゃいん karyawan | ကုမ္ပဏီဝန်ထမ်း | कर्मचारी | සමාගමි සේවකයා

社員 しゃいん karyawan, staf | ဝန်ထမ်း | कर्मचारी | සේවකයා, කාර්ය මණ්ඩල සේවකයා

店員 てんいん pelayan toko | ဆိုင်ဝန်ထမ်း | दुकान म्यान | වෙළඳසැල් සේවකයා

駅員 えきいん petugas statsion | ဘူတာရုံဝန်ထမ်း | स्टेशन कर्मचारी | දුම්රිය සේවකයා

員	員	員												

よみましょう Write the reading of the following *kanji* in *hiragana*.

① 学校

② 先週

③ 留学生

④ 会います

⑤ 先に

⑥ 店員

⑦ 大学

⑧ 神社

⑨ 会社員

⑩ 先生

かきましょう Write the correct *kanji* characters in the blank squares.

① がっこう → ☐ 校

② せんげつ → ☐ ☐

③ がくせい → ☐ ☐

④ あいます → ☐ ☐ ☐

⑤ えきいん → 駅 ☐

⑥ せんせい → ☐ ☐

⑦ じんじゃ → 神 ☐

⑧ だいがく → 大 ☐

⑨ さきに → ☐ に

⑩ かいしゃいん → ☐ ☐ ☐

もんだい1 よみましょう Write the reading of the following *kanji* in *hiragana*.

① お母さん　　② 家族

③ 奥さん　　④ お姉さん

⑤ 私の 妹　　⑥ 私の 弟

⑦ 主人　　⑧ 家内

⑨ 会社員　　⑩ 仕事

もんだい2 かきましょう Write the correct *kanji* characters and *hiragana* in the blank squares.

① せんせい → □□　　② がくせい → □□

③ あいます → □□□□　　④ おとうさん → お□さん

⑤ わたし → □　　⑥ たんじょうび → 誕(たん)□□

⑦ あね → □　　⑧ さきに → □に

⑨ きょうだい → □□　　⑩ いえ → □

もんだい3 何画目(なんかくめ)に かきますか Write the consecutive stroke number in the following *kanji*.

れい　人 （1）（2）

① 父 （　）（　）（　）（　）

② 母 （　）（　）（　）（　）（　）

③ 会 （　）（　）（　）（　）（　）（　）

ふりかえり Review

家族(かぞく)の漢字(かんじ)を使(つか)って、自分(じぶん)の家族(かぞく)についての文(ぶん)を書(か)くことができる。　はい Yes ・ いいえ No
Write sentences about your family using family-related *kanji*.

4課(か)で勉強(べんきょう)した漢字(かんじ)を読(よ)んだり、書(か)いたりできる。　はい Yes ・ いいえ No
Read and write *kanji* you learned in lesson 4.

5課

時間と 季節 Time and Season

この課で学ぶこと
What You Will Learn From This Lesson

時間と季節を表す漢字について考えましょう。

①

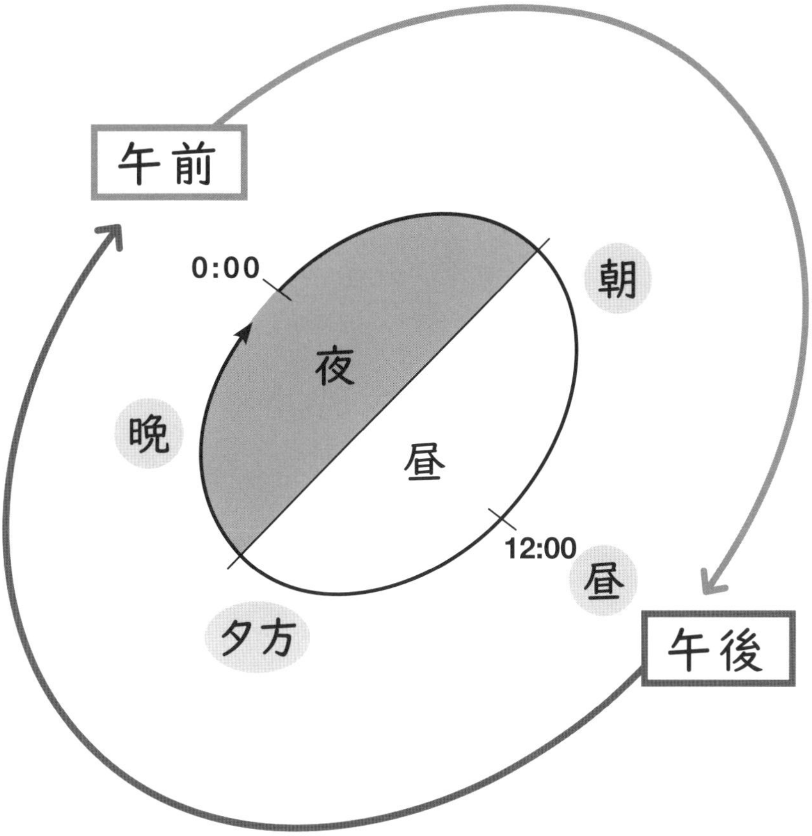

午前

0:00

夜

晩

朝

昼

12:00

昼

夕方

午後

②

春

夏

冬

秋

81 **時** 10画 〔日〕

waktu | အချိန် | समय | කාලය

ジ

時間（じかん） waktu | ကြာချိန် | समय | කාලය

～時間（じかん） ～jam | နာရီကြာ | ～ घण्टा (हरू) | පැය ～

～時（じ） pukul～ | နာရီ | ～ बजे | වෙලාව ～

とき

時（とき） waktu | အချိန် | समय | කාලය

〇〇

時計（とけい） jam | နာရီ | घडी | ඔරලෝසුව

時 時 時

82 **分** 4画 〔刀〕

menit, bagi | ပိုင်းခြားခြင်း၊ အစိတ်အပိုင်း၊ မိနစ် | भाग, मिनेट | බෙදනවා, කොටස, මිනිත්තු

フン

～分（ふん） ～menit | မိနစ် | ～ मिनेट (हरू) | මිනිත්තු/විනාඩි ～

ブン

半分の（はんぶんの） setengah | တဝက် | आधा | භාගය

自分で（じぶんで） sendiri | ကိုယ်တိုင်၊ မိမိဘာသာ | आफ्नै, आफुले | තමන් විසින්

わ-かる

分かる（わかる） mengerti | နားလည်သည် | बुझ्नु | අවබෝධකරගන්නවා

分 分 分

83 **午** 4画 〔十〕

sore | နေ့လည်ခင်း | मध्यान्ह | මධ්‍යහන

ゴ

午前（ごぜん） pagi hari (am) | မနက်ပိုင်း | बिहान | පෙ.ව ,උදෑසන

午後（ごご） sore hari (pm) | ညနေပိုင်း | अपराह्न | ප.ව, සවස

午 午 午

84 **前** 9画 〔刂〕

depan, sebelum | အရှေ့၊ မတိုင်မီ | अघि | ඉදිරිපස, පෙර

ゼン

午前（ごぜん） pagi hari (am) | မနက်ပိုင်း | बिहान | පෙ.ව, උදෑසන

午前中（ごぜんちゅう） dalam pagi hari | မနက်ပိုင်းအတွင်း | बिहानको समय | උදෑසන කාලයේ

まえ

前（まえ） depan | အရှေ့၊ မတိုင်မီ | पहिलो, अगाडी | ඉදිරිපස, පෙර

名前（なまえ） nama | နာမည် | नाम | නම

～年前（ねんまえ） ～tahun lalu | လွန်ခဲ့သော～နှစ် | ～ वर्ष पहिले | අවුරුදු ～ පෙර

前 前 前

85 **後** 9画 〔彳〕 ノ ク 彳 彳' 彳ゝ 𢓁 𢓁 後 後

belakang, setelah | အနောက်၊ ပြီးနောက် | पछाडि | පසුපස, පසුව

ゴ 午後(ごご) sore hari (pm) | ညနေပိုင်း | अपराह्न, दिउँसो | ප.ව., සවස　最後(さいご)の terakhir | နောက်ဆုံး | अन्तिम | අවසාන

あと 後(あと)で nanti | ပြီးနောက် | पछि | පසුව

うし-ろ 後(うし)ろ belakang | အနောက်ဘက် | पछाडि, पछि | පිටුපස, පසුපස

後	後	後												

よみましょう Write the reading of the following *kanji* in *hiragana.*

① 時間(かん)　② 九時九分

③ 午後　④ 四時間(かん)

⑤ 名(な)前　⑥ 午前中

⑦ 五年(ねん)前　⑧ 時計(けい)

⑨ 午前　⑩ 半(はん)分の

かきましょう Write the correct *kanji* characters in the blank squares.

① まえ → □　② じゅっぷん → □□

③ とき → □　④ はんぶんの → 半(はん)□の

⑤ ごご はちじ → □□□□　⑥ あとで → □で

⑦ なまえ → 名(な)□　⑧ ごぜん ろくじ → □□□□

⑨ わかります → □□□□□　⑩ うしろ → □□

86 **間** 12画 〔門〕 丨 ｢ ｢ ⼾ 戸 門 門 門 閁 間 間 間

antara | ကြား | बीचको अवधि | විවේකය, අතරමැද

カン
時間（じかん） waktu | ကြာချိန် | समय | කාලය
~時間（じかん） ~jam | နာရီကြာ | ~ घण्टा | පැය~

あいだ
間（あいだ） antara | ကြား | बीच | විවේකය, අතරමැද
この間（あいだ） belakangan ini | ဒီအတောအတွင်း | यस समय | පසුගිය දිනක

ま
間（ま）に合（あ）う terkejar | အချိန်မီသည်၊ အလျှင်မီသည် | समयमा हुनु | වේලාවට යමක් සිදුකිරීම/ප්‍රමාද නොවී

間 間 間

87 **半** 5画 〔十〕 丶 丷 䒑 兰 半

setengah | တဝက် | आधा | භාගය

ハン
~時半（じはん） pukul setengah~ | ~နာရီခွဲ | ~ बजे साँढे | ~හමාරයි
半分（はんぶん）の setengah | တဝက် | आधा | භාගය

半 半 半

88 **朝** 12画 〔月〕 一 十 𠂇 古 𠧪 吉 直 卓 𠦝 朝 朝 朝

pagi | မနက်ခင်း | बिहान | උදෑසන

あさ
朝（あさ） pagi-pagi | မနက်ခင်း | बिहान | උදෑසන
朝ご飯（あさごはん） makan pagi | မနက်စာ | ब्रेकफास्ट | උදෑසන ආහාරය
毎朝（まいあさ） tiap pagi | မနက်တိုင်း | प्रत्येक बिहान | සෑම උදෑසනකම

○○
今朝（けさ） tadi pagi | ဒီနေ့မနက် | आज बिहान | අද උදෑසන

朝 朝 朝

89 **昼** 9画 〔日〕 乛 コ 尸 尺 尺 尽 昼 昼 昼

siang | နေ့လည် | दिनको समय | දහවල් කාලය

ひる
昼（ひる） siang hari | နေ့လည် | दिनको समय | දහවල
昼間（ひるま） siang hari | နေ့လည်အချိန် | दिनको समय | දහවල් කාලය
昼ご飯（ひるごはん） makan siang | နေ့လည်စာ | लन्च | දිවා ආහාරය
昼休（ひるやす）み istirahat siang | နေ့လည်စာနားချိန် | दिनको विश्राम | දහවල් විවේකය

昼 昼 昼

90 **晩** 12画〔日〕

malam | ညနေခင်း၊ ည | साँझ | සවස

バン

晩(ばん) malam | ညနေခင်း၊ ည | साँझ | සන්ධ්‍යාව

毎晩(まいばん) tiap malam | ညနေတိုင်း | प्रति साँझ | සෑම සන්ධ්‍යාවකම, සෑම රාත්‍රියකම

今晩(こんばん) malam ini | ဒီနေ့ည | यो साँझ, आज रात | අද සවස, අද රාත්‍රිය

晩ご飯(ばんごはん) makan malam | ညစာ | रातको खाना | රාත්‍රී ආහාරය

晩	晩	晩												

よみましょう Write the reading of the following *kanji* in *hiragana.*

① 晩ご飯(はん)

② 七時半

③ 毎朝

④ 間に合(あ)います

⑤ この間

⑥ 昼休み

⑦ 今朝

⑧ 一時間

⑨ 昼間

⑩ 今(こん)晩

かきましょう Write the correct *kanji* characters in the blank squares.

① じゅうにじはん → □□□□

② こんばん → 今(こん)□

③ あいだ → □

④ じかん → □□

⑤ けさ → 今□

⑥ あさ → □

⑦ はんぶんの → □□の

⑧ ひるま → □□

91 **今** 4画 〔𠆢〕 ノ 𠆢 亽 今

sekarang | လက်ရှိ၊ ယခု | अहिले ,अब | වර්තමානය, දැන්

コン
- 今週（こんしゅう） minggu ini | ဒီတပတ် | यो हप्ता | මේ සතිය
- 今月（こんげつ） bulan ini | ဒီလ | यो महिना | මේ මාසය
- 今晩（こんばん） malam ini | ဒီညနေ | यो साँझ, आज रात | අද සවස, අද රාත්‍රිය
- 今度（こんど） kali ini, nanti | ဒီတကြိမ် | यसपटक, अर्कोपटक | මෙවර, ලබන පාර

いま
- 今（いま） sekarang | အခု | अब | දැන්

◯◯
- 今日（きょう） hari ini | ဒီနေ့ | आज | අද
- 今年（ことし） tahun ini | ဒီနှစ် | यो वर्ष | මේ අවුරුද්ද
- 今朝（けさ） tadi pagi | ဒီမနက် | आज बिहान | අද උදෑසන

今	今	今												

92 **去** 5画 〔厶〕 一 十 土 去 去

berlalu | အဝေးသို့ထွက်ခွာသွားခြင်း | गत | ඈත්ව යනවා

キョ
- 去年（きょねん） tahun lalu | မနှစ်က | अघिल्लो वर्ष | ගිය අවුරුද්ද

去	去	去												

93 **年** 6画 〔干〕 ノ 𠂉 ⺧ 㐄 ⿱ 年

tahun | နှစ် | वर्ष | අවුරුද්ද

ネン
- ～年（ねん） ～tahun | ～နှစ် | ～वर्ष | ～වර්ෂය
- 去年（きょねん） tahun lalu | မနှစ်က | अघिल्लो वर्ष | ගිය අවුරුද්ද
- 来年（らいねん） tahun depan | နောက်နှစ် | आउने वर्ष | ලබන අවුරුද්ද
- 毎年（まいねん） tiap tahun | နှစ်တိုင်း | प्रत्येक वर्ष | සෑම අවුරුද්දකම

とし
- 年（とし） tahun, umur | နှစ် | वर्ष | වර්ෂය, වයස
- 今年（ことし） tahun ini | ဒီနှစ် | यो वर्ष | මේ අවුරුද්ද
- 毎年（まいとし） tiap tahun | နှစ်တိုင်း | प्रत्येक वर्ष | සෑම අවුරුද්දකම

年	年	年												

94 **夕** 3画 〔夕〕 ノ ク 夕

senja | ညနေ | साँझ | සන්ධ්‍යාව

ゆう
- 夕方（ゆうがた） senja hari | ညနေစောင်း | साँझ | සවස

夕	夕	夕												

95 **方** 4画 〔方〕 ' 亠 亍 方

arah, cara | လားရာ၊ နည်းလမ်း | दिशा | දිශාව, ක්‍රමය

ホウ 両方(りょうほう)の kedua-duanya | နှစ်ဘက်လုံး | दुवै | දෙකම

かた この方(かた) orang ini | ဒီပုဂ္ဂိုလ်(ယဉ်ကျေးသော အသုံး) | यो व्यक्ति(श्रद्धासूचक) | මෙම පුද්ගලයා (ගෞරවාන්විත ආමන්ත්‍රණය)

夕方(ゆうがた) senja hari | ညနေစောင်း | साँझ | සවස

仕方(しかた) cara | လုပ်နည်း၊ နည်းလမ်း | तरिका | ක්‍රමය, ක්‍රමවේදය

～方(かた) cara～ | ～လုပ်ပုံ | ～तरिका, ～कसरी, ～गर्ने | ～විධිහ/ක්‍රමය

方	方	方												

よみましょう Write the reading of the following *kanji* in *hiragana.*

① 今年

② 仕方

③ 両(りょう)方の

④ 去年

⑤ 来年

⑥ 二年前

⑦ 今度(ど)

⑧ 夕方

⑨ 一週間

⑩ 今朝

かきましょう Write the correct *kanji* characters in the blank squares.

① ゆうがた → □□

② こんばん → □□

③ いま → □

④ まいとし → □□

⑤ こんしゅう → □□

⑥ らいねん → □□

⑦ きょう → □□

⑧ こんげつ → □□

⑨ ことし → □□

⑩ きょねん → □□

96 **春** 9画 〔日〕

一 二 三 声 夫 夫 春 春 春

musim semi | နွေဦးရာသီ | वसन्त | වසන්ත සෘතුව

はる

春（はる） musim semi | နွေဦး | वसन्त | වසන්තය

春休み（はるやすみ） liburan musim semi | နွေဦးအားလပ်ရက် | वसन्त बिदा | වසන්ත නිවාඩුව

春 春 春

97 **夏** 10画 〔夂〕

一 丆 丆 丙 百 百 首 頁 夏 夏

musim panas | နွေရာသီ | गर्मी | ගිම්හාන සෘතුව

なつ

夏（なつ） musim panas | နွေရာသီ | गर्मी | ගිම්හානය

夏休み（なつやすみ） liburan musim panas | နွေရာသီအားလပ်ရက် | गर्मी बिदा | ගිම්හාන නිවාඩුව

夏 夏 夏

98 **秋** 9画 〔禾〕

一 二 千 禾 禾 禾 利 秒 秋

musim gugur | ဆောင်းဦးရာသီ | शरद ऋतु | සරත් සෘතුව

あき

秋（あき） musim gugur | ဆောင်းဦး | शरद ऋतु | සරත් සෘතුව

秋 秋 秋

99 **冬** 5画 〔冫〕

ノ ク 夂 冬 冬

musim dingin | ဆောင်းရာသီ | जाडो | ශීත සෘතුව

ふゆ

冬（ふゆ） musim dingin | ဆောင်းရာသီ | जाडो | ශීත සෘතුව

冬休み（ふゆやすみ） liburan musim dingin | ဆောင်းရာသီအားလပ်ရက် | जाडो बिदा | ශීත සෘතුවේ නිවාඩුව

冬 冬 冬

100 **夜** 8画 〔夕〕

malam | ည | राति | රාත්‍රිය

ヤ 今夜（こんや） malam ini | ဒီနေ့ည | यो साँझ, आज रात | අද සවස, අද රාත්‍රිය

よる 夜（よる） malam | ည | रात | රාත්‍රිය

夜	夜	夜												

よみましょう Write the reading of the following *kanji* in *hiragana.*

① 今夜は 雨です。 It is raining tonight.

② 私の 大（だい）学は 秋に 始まります。 My university begins in autumn.

③ 夏休みに 家族と 旅（りょ）行します。 I will go on a trip with my family for the summer.

④ 来年の 冬、アメリカへ 帰ります。 I will go back to America next winter.

⑤ 妹は 春に 生まれました。 My younger sister was born in spring.

かきましょう Write the correct *kanji* characters in the blank squares.

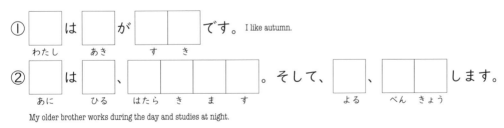

① □（わたし）は □（あき）が □□（す き）です。 I like autumn.

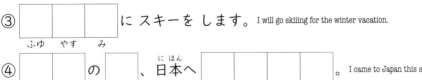

② □（あに）は □（ひる）、□□□□（はたら き ま す）。そして、□（よる）、□□（べん きょう）します。
My older brother works during the day and studies at night.

③ □□□（ふゆ やす み）に スキーを します。 I will go skiing for the winter vacation.

④ □□（こ とし）の □（はる）、日本（にほん）へ □□□□（き ま し た）。 I came to Japan this spring.

もんだい1 **よみましょう** Write the reading of the following *kanji* in *hiragana*.

① 今日の午後

② 時計<ruby>けい</ruby>

③ 明日の午前中

④ 半分の

⑤ 夕方

⑥ 去年の春

⑦ 今晩

⑧ 今夜

⑨ 今年の夏休み

⑩ 秋と冬

もんだい2 **かきましょう** Write the correct *kanji* characters and *hiragana* in the blank squares.

① いま → ☐

② いちじじゅっぷん → ☐☐☐☐

③ あいだ → ☐

④ まえ と うしろ → ☐ と ☐

⑤ あさ と ばん → ☐ と ☐

⑥ ごぜん と ごご → ☐ と ☐

⑦ きょねん → ☐☐

⑧ ひる と よる → ☐ と ☐

⑨ ゆうがた → ☐☐

⑩ はる、 なつ、 あき、 ふゆ → ☐、 ☐、 ☐、 ☐

もんだい3 **何画目に かきますか** Write the consecutive stroke number in the following *kanji*.

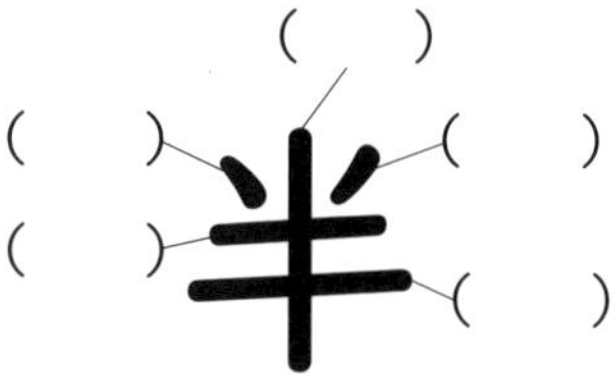

れい

(1) 人 (2)

① 年

② 半

③ 方

📖 **ふりかえり** Review

→ 時間や季節を表す漢字を使って、文を書くことができる。
Write sentences using *kanji* for time and seasons.

はい ・ いいえ
Yes　　No

→ 5課で勉強した漢字を読んだり、書いたりできる。
Read and write *kanji* you learned in lesson 5.

はい ・ いいえ
Yes　　No

おぼえましょう 2

時間（じかん） Time

一時（いちじ）	七時（しちじ）	何時（なんじ）
二時（にじ）	八時（はちじ）	
三時（さんじ）	九時（くじ）	
四時（よじ）	十時（じゅうじ）	
五時（ごじ）	十一時（じゅういちじ）	
六時（ろくじ）	十二時（じゅうにじ）	
一分（いっぷん）	十五分（じゅうごふん）	何分（なんぷん）
二分（にふん）	二十分（にじゅっぷん/にじっぷん）	
三分（さんぷん）	二十五分（にじゅうごふん）	
四分（よんぷん）	三十分（さんじゅっぷん/さんじっぷん）	
五分（ごふん）	三十五分（さんじゅうごふん）	
六分（ろっぷん）	四十分（よんじゅっぷん/よんじっぷん）	
七分（ななふん）	四十五分（よんじゅうごふん）	
八分（はっぷん）	五十分（ごじゅっぷん/ごじっぷん）	
九分（きゅうふん）	五十五分（ごじゅうごふん）	
十分（じゅっぷん/じっぷん）		

昨日 (きのう)	昨日の 朝 (きのう)(あさ)	昨日の 晩 (きのう)(ばん)
今日 (きょう)	今朝 (けさ)	今晩 (こんばん)
明日 (あした/あす)	明日の 朝 (あした/あす)(あさ)	明日の 晩 (あした/あす)(ばん)
毎日 (まいにち)	毎朝 (まいあさ)	毎晩 (まいばん)

先週 (せんしゅう)	先月 (せんげつ)	去年 (きょねん)
今週 (こんしゅう)	今月 (こんげつ)	今年 (ことし)
来週 (らいしゅう)	来月 (らいげつ)	来年 (らいねん)
毎週 (まいしゅう)	毎月 (まいつき/まいげつ)	毎年 (まいとし/まいねん)

まとめもんだい・1

もんだい 1 **よみましょう。** Write the reading of the following *kanji* in *hiragana*.

れい：　一万
　　　　いちまん

1. 兄弟
2. 六百円
3. 夏の 夜
4. 雨の 日
5. 黄色い かさ
6. 右と 左
7. 八百屋
8. 赤い 上着(ぎ)
9. 去年の 九月
10. お土産の 人形(ぎょう)
11. 毎週 木曜日
12. 今日の 午後
13. ビルの 火事
14. 会社員の 男の人
15. 朝、昼、晩
16. ご主人と 奥さん
17. 女子中学生
18. 春と 秋
19. 今年の 四月一日
20. 大人 二人と 子ども 一人
21. 四時半から 五時十分まで
22. 今年の 七月二十日
23. 明日の 午前中
24. 先週、今週、来週
25. 三千人の 人々

もんだい 2 **かきましょう。** Write the correct *kanji* characters and *hiragana* in the blank squares.

れい：ひとつ → 一 つ

1. やま →
2. もり →
3. あいだ →
4. まえと うしろ → □ と □ □
5. たんぼ →
6. かぞく →
7. おかね → お
8. しごと →

9 しろとくろ→□と□

10 ゆうがた→□□

11 すきな いろ→□□な□

12 あおい くるま→□□□

13 あかるい→□□□

14 おとうさん→お□さん

15 せんせい→□□

16 おきます→□□□□

17 ねます→□□□

18 いきます→□□□□

19 きます→□□□

20 かえります→□□□□

21 はたらきます→□□□□

22 やすみます→□□□□

23 はじめます→□□□□

24 おわります→□□□□□

25 べんきょうします→□□します

もんだい3 何画目(なんかくめ)に かきますか。 Write the consecutive stroke number in the following *kanji.*

れい：川（３）

1 米（　）

2 事（　）

3 色（　）

4 右（　）

5 姉（　）

6 （　）昼

もんだい4 □に どの 漢字(かんじ)が 入(はい)りますか。〔　〕から 一(ひと)つ えらんで かきなさい。

Choose the appropriate *kanji* from 〔　〕 and write it in □.

れい：毎・今 → 週

〔 ~~週~~ 午 年 生 日 事 〕

1 先・学 → □

2 仕・火 → □

3 □ ← 前・後

4 明・今 → □

5 今・去 → □

もんだい5 音声(おんせい)を聞(き)いて、例(れい)のように、ひらがなで書(か)きましょう。それから、漢字(かんじ)で書(か)きましょう。

Listen to the audio and write what you hear in hiragana, following the example. Then write it using *kanji*.

れい：けさ の ニュース
（今朝）

1 ＿＿＿の＿＿＿
（　　）（　　）

2 ＿＿＿の＿＿＿
（　　）（　　）

3 ＿＿＿の＿＿＿
（　　）（　　）

4 ＿＿＿　＿＿＿
（　　）（　　）

5 お＿＿＿さんとお＿＿＿さん
（　　）（　　）

6 ＿＿＿、＿＿＿、＿＿＿
（　　）（　　）（　　）

7 ＿＿＿は＿＿＿　＿＿＿ます。
（　　）（　　）（　　）

8 ＿＿＿は＿＿＿ます。
（　　）（　　）

9 ＿＿＿＿から＿＿＿＿をします。
（　　　）（　　　）

10 ＿＿＿＿は＿＿＿＿が＿＿＿＿です。
（　　）（　　　）（　　　）

もんだい6　どちらが 正(ただ)しいですか。 Which one is correct?

れい：スミスさんは 日本人ですか。……… 1. にほんじん　2. にほんひと

コーヒーを のみました。……… 1. 飯みました　2. 飲みました

1 店内で まっていて ください。……… 1. てんがい　2. てんない

2 主に にほんごを べんきょうします。……… 1. さきに　2. おもに

3 豆を かいました。……… 1. まめ　2. こめ

4 にほんの 生活は どうですか。……… 1. せんかつ　2. せいかつ

5 エレベーターで 上がりましょう。……… 1. あがりましょう　2. さがりましょう

6 あかちゃんが ねむっています。……… 1. 眠って　2. 寝って

7 ぜいきんは いくらですか。……… 1. 税関　2. 税金

8 ははおやの なまえは はなこです。……… 1. 母親　2. 父親

9 しんぶんの きじを よみます。……… 1. 火事　2. 記事

10 いい つちですね。……… 1. 水　2. 土

6課 休みの日 Day off

この課で学ぶこと　休みの日にすることを表す漢字について考えましょう。

映画

音楽

買い物

写真

※読書

スポーツ

料理

※読書：reading

101 **食** 9画 〔食〕

makanan | စားခြင်း၊ အစားအစာ | खानु | ආහාර ගන්නවා, ආහාර

ショク
- 食事（しょくじ） makan | အစားအသောက် | भोजन | ආහාර වේල
- 食堂（しょくどう） kantin | စားသောက်ခန်း | भोजनशाला, भोजनगृह | ආපනශාලාව
- 食品（しょくひん） makanan | အစားအစာ | खाद्य | ආහාර

た-べる
- 食べる（た） makan | စားသည် | खानु | කනවා
- 食べ物（た・もの） makanan | စားစရာ | खाद्य | ආහාර

食 食 食

102 **飲** 12画 〔飠〕

minum | သောက်ခြင်း | पिउनु | පානය කරනවා

の-む
- 飲む（の） minum | သောက်သည် | पिउनु | බොනවා
- 飲み物（の・もの） minuman | သောက်စရာ | पेय, पेय पदार्थ | පානීය ද්‍රව්‍ය

飲 飲 飲

103 **買** 12画 〔貝〕

beli | ဝယ်ခြင်း | किन्नु | මිලදී ගන්නවා

か-う
- 買う（か） membeli | ဝယ်သည် | किन्नु | මිලදී ගන්නවා
- 買い物（か・もの） belanja | ဈေးဝယ်သည် | किनमेल | සාප්පු සවාරි/බඩු මිලදීගැනීම

買 買 買

104 **見** 7画 〔見〕

lihat | ကြည့်ခြင်း | हेर्नु | බලනවා

ケン
- 意見（いけん） pendapat | အမြင်၊ ထင်မြင်ချက် | राय | අදහස්

み-る
- 見る（み） melihat | ကြည့်သည် | हेर्नु | බලනවා

み-える
- 見える（み） kelihatan | မြင်ရသည် | देखिनु | පෙනෙනවා

み-せる
- 見せる（み） memperlihatkan | ပြသသည် | देखाउनु | පෙන්වනවා

見 見 見

105 **聞** 14画〔耳〕

dengar | ကြားရခြင်း | सुन्नु | ඇසනවා

ブン 新聞（しんぶん） surat kabar | သတင်းစာ | समाचारपत्र | පුවත්පත　新聞社（しんぶんしゃ） perusahaan surat kabar | သတင်းစာတိုက် | समाचारपत्र कम्पनी | පුවත්පත් කන්තෝරුව/සමාගම

き-く 聞（き）く mendengar | နားထောင်သည် | सुनु | අසනවා

き-こえる 聞（き）こえる terdengar | ကြားရသည် | सुनिनु | ඇසෙනවා

聞	聞	聞												

よみましょう　読（よ）みを ひらがなで 書（か）きなさい。

① 毎週 土曜日に スーパーで 買い物（もの）します。

② パスポートを 見せます。

③ 食堂（どう）で 昼ご飯（はん）を 食べます。

④ その ニュースは 先生から 聞きました。

⑤ 毎朝、コーヒーを 飲みます。

かきましょう　＿＿に 漢字（かんじ）、または 漢字（かんじ）と ひらがなを 書（か）きなさい。

① ＿＿＿（まいあさ）、＿＿＿（みず）を ＿＿＿＿＿（のみます）。

② ラジオで ニュースを ＿＿＿＿＿（ききます）。

③ ＿＿＿（いえ）で ＿＿＿（ばん）ご飯（はん）を ＿＿＿＿＿（たべます）。

④ ＿＿＿（せんしゅう） ＿＿＿（あおい）シャツを ＿＿＿＿＿（かいました）。

⑤ ＿＿＿（しょくじ）の ＿＿＿（あと）で、アニメ (animation) を ＿＿＿＿＿（みます）。

106 **何** 7画 〔亻〕 ノ 亻 仁 仃 佇 伺 何

apa | ဘာ | के | කුමක්ද

なに
何（なに） apa | ဘာ | के ? | කුමක්ද

なん
何（なん） apa | ဘာ | के ? | කුමක්ද
何時（なんじ） pukul berapa | ဘယ်နှနာရီ | कति बजे ? | කීයටද
何曜日（なんようび） hari apa | ဘာနေ့လဲ | कुनबार ? | දවස කවදද/කවදද

何 何 何

107 **茶** 9画 〔艹〕 一 十 艹 艹 艾 苓 茶 茶 茶

teh hijau | ရေနွေးကြမ်း | चिया | තේ

チャ
お茶（おちゃ） teh hijau | ရေနွေးကြမ်း | चिया | තේ
紅茶（こうちゃ） teh merah | လက်ဖက်ရည် | कालो चिया | බිලැක් ටී
茶色（ちゃいろ） coklat | အညိုရောင် | खैरो | දුඹුරු පාට

サ
喫茶店（きっさてん） kedai kopi (minuman) | ကော်ဖီဆိုင်၊ လ္ဘက်ရည်ဆိုင် | चिया घर | කෝපි අවන්හල, තේ කඩය

茶 茶 茶

108 **酒** 10画 〔酉〕 丶 冫 氵 汀 汀 沔 洒 洒 酒 酒

sake | အရက်သေစာ | मद्यपान | මත්පැන්

さけ
お酒（おさけ） sake (minuman Jepang) | အရက်၊ ဆာကေး (ဂျပန်ဆန်ဝိုင်) | मद्य, साके (जापानी धानको रक्सी) | මත්පැන්, සකෙ(ජපන් සහල් වලින් සකසන ලද වයින්)

酒 酒 酒

109 **肉** 6画 〔肉〕 丨 冂 内 内 肉 肉

daging | အသား | मासु | මස්

ニク
肉（にく） daging | အသား | मासु | මස්
牛肉（ぎゅうにく） daging sapi | အမဲသား | गाइमासु | ගව මස්
豚肉（ぶたにく） daging babi | ဝက်သား | पोर्क | ඌරු මස්
とり肉（とりにく） daging ayam | ကြက်သား | चिकन | කුකුළ් මස්

肉 肉 肉

110 **牛** 4画 ノ ㇒ 𠂉 牛
〔牛〕
sapi | ကျွဲ နွား | गाईवस्तु | ගවයා

ギュウ　牛肉（ぎゅうにく） daging sapi | အမဲသား | गाइमासु | ගව මස්　牛乳（ぎゅうにゅう） susu | နွားနို့ | दुध | එළකිරි

牛	牛	牛												

よみましょう　読（よ）みを ひらがなで 書（か）きなさい。

① 今、何時ですか。

② 日曜日に 何を しますか。

③ スーパーで 牛肉と お酒を 買います。

④ 林さんに お茶を もらいました。

⑤ 姉は 毎日 牛乳（にゅう）を 飲みます。

かきましょう　＿＿に 漢字（かんじ）、または 漢字（かんじ）と ひらがなを 書（か）きなさい。

① ＿＿＿（わたし）は ＿＿＿＿＿（ぎゅうにく）を ＿＿＿＿＿＿＿＿＿（たべません）。

② いっしょに お＿＿＿（ちゃ）を ＿＿＿＿＿＿＿＿＿＿（のみませんか）。

③ あの 喫（きっ）＿＿＿（さ）店（てん）で ＿＿＿＿＿＿＿＿＿＿（やすみましょう）。

④ ＿＿＿＿＿（きょう）は ＿＿＿＿＿＿（なんようび）ですか。

⑤ ＿＿＿（あに）は お＿＿＿（さけ）が ＿＿＿＿＿（すき）です。

111 **魚** 11画 〔魚〕

ikan | ငါး | माछा | මත්සයින්

さかな 魚(さかな) ikan | ငါး | माछा | මාළුවා

112 **鳥** 11画 〔鳥〕

burung | ငှက် | चरा, चिकेन , कुखुरा | පක්ෂියා

とり 鳥(とり) burung | ငှက် | चरा | කුරුල්ලා　小鳥(ことり) burung kecil | ငှက်ကလေး | सानो चरा | කුඩා කුරුල්ලා

113 **犬** 4画 〔犬〕 一ナ大犬

anjing | ခွေး | कुकुर | බල්ලා

いぬ 犬(いぬ) anjing | ခွေး | कुकुर | බල්ලා

114 **音** 9画 〔音〕

bunyi | အသံ | ध्वनि | ශබ්දය

オン 音楽(おんがく) musik | တေးဂီတ | संगीत | සංගීතය　発音(はつおん) pelafalan | အသံထွက် | उच्चारण | උච්චාරණය

音読み(おんよみ) cara baca onyomi | Onyomi အသံထွက် | ओनयोमि पठन | ඔන්යොමි(චීන උච්චාරණය)

おと 音(おと) bunyi | အသံ (သက်မဲ့အသံ) | ध्वनि | ශබ්දය/හඬ

115 楽 **13画** 〔木〕 ´ ⼁ ⼍ ⽩ ⽩ ⽩ ⾃ ⾃ ⾃ 浲 楽 楽 楽

senang | သာယာခြင်း၊ သက်တောင့်သက်သာဖြစ်ခြင်း | सुख, सजिलो | ප්‍රීතිය, පහසු

ガク 音楽 musik | တေးဂီတ | संगीत | සංගීතය

たの-しい 楽しい menyenangkan | ပျော်ရွှင်သော | आनन्दमय | සතුටුදායක,විනෝදජනක

たの-しむ 楽しむ menikmati | ပျော်ပျော်ရွှင်ရွှင်ခံစားသည် | आनन्दलिनु | විනෝද වෙනවා

楽	楽	楽												

😮 **よみましょう** 読みを ひらがなで 書きなさい。

① 勉強は 楽しいです。

② 家の 前に 黒い 犬が います。

③ 電車の 中で 音楽を 聞きます。

④ 鳥が 川の 魚を 食べます。

⑤ 雨の 音が 聞こえます。

🧽 **かきましょう** ___に 漢字、または 漢字と ひらがなを 書きなさい。

① _____の _____に 小_____が います。
　　き　　　　　う え　　　　　　　と り

② _____に _____が います。
　　か わ　　　　さ か な

③ _____に _____が います。
　　い え　　　　い ぬ

④ パーティーは _____ です。
　　　　　　　　　　た　の　し　か　っ　た

⑤ _____の _____が _____。
　　く る ま　　　お と　　　　　き こ え ま す

116 **花** 7画 〔艹〕

bunga | ပန်း | फूल | මල්

カ 花びん（か） vas bunga | ပန်းအိုး | फूलकोगमला | මල් පෝච්චිය

はな 花（はな） bunga | ပန်း | फूल | මල්

花屋（はなや） toko bunga | ပန်းဆိုင် | फ्लोरिस्ट, फूल दोकान | මල් කඩය

花見（はなみ） melihat bunga (Sakura) | ပန်းကြည့်ခြင်း | (चेरी ब्लसम) साकुरा फूल फूल्नु | සකුර මල් නැරඹීම

花 花 花

117 **映** 9画 〔日〕

tayang | ပုံရိပ်ထင်သည် | प्रतिबिम्बित | පරාවර්තනය කරනවා/ විහිදුවනවා

エイ 映画（えいが） film | ရုပ်ရှင် | सिनेमा | චිත්‍රපටය

映画館（えいがかん） bioskop | ရုပ်ရှင်ရုံ | सिनेमा हल - एक चलचित्र हल | සිනමා ශාලාව

映 映 映

118 **画** 8画 〔田〕

gambar, rencana | ပုံ၊ အစီအစဉ် | चित्र, योजना | පින්තූරය, සැලැස්ම

ガ 映画（えいが） film | ရုပ်ရှင် | सिनेमा | චිත්‍රපටය

漫画（まんが） komik | ကာတွန်းစာအုပ် | म्याङ्गा - कमिक्स | චිත්‍ර කතා

カク 計画する（けいかくする） merencanakan | အစီအစဉ်ဆွဲသည် | योजना बनाउनु | සැලසුම් කිරීම

画数（かくすう） struk tulisan | စုတ်ချက်အရေအတွက် | अक्षरको संख्या | ඉරි කෑලි ගණන

画 画 画

119 **写** 5画 〔冖〕

salin | ကော်ပီကူးခြင်း | प्रतिलिपि | පිටපත් කරනවා

シャ 写真（しゃしん） foto | ဓာတ်ပုံ | फोटो | ඡායාරූපය

うつ-す 写す（うつす） mengopy, memotret | ကူးယူသည် | प्रतिलिपि बनाउनु, फोटो खिच्नु | පිටපත් කරනවා, ඡායාරූපගත කිරීම

写 写 写

120 **真** 10画 〔目〕 一 十 𠂇 冇 冇 冇 直 直 真 真

benar | အမှန်တရား | सत्य | සත්‍ය

シン 写真(しゃしん) foto | ဓာတ်ပုံ | फोटो | ඡායාරූපය

ま 真(ま)ん中(なか) tengah-tengah | အလယ်တည့်တည့် | केन्द्र, बीच | මධ්‍යය, මැද

真(ま)っすぐな lurus | ဖြောင့်တန်းသော | सीधा | කෙළින්

真	真	真												

よみましょう　読(よ)みを ひらがなで 書(か)きなさい。

① これは 山の 写真です。

② どんな 映画を 見ますか。

③ テーブルの 上に 花びんが あります。

④ 日本(ほん)人は 春に 花見を します。

⑤ 真っすぐ 行って ください。

かきましょう　＿＿に 漢字(かんじ)、または 漢字(かんじ)と ひらがなを 書(か)きなさい。

① ＿＿(せんしゅう)の ＿＿(きんようび)の ＿＿(よる)、＿＿(えいが)を ＿＿(みました)。

② あの ＿＿(きいろい) ＿＿(はな)は ＿＿(なん)ですか。

③ ＿＿(はは)の ＿＿(ひ)(Mother's Day) に ＿＿(はな)を あげます。

④ これは ＿＿(わたし)の ＿＿(かぞく)の ＿＿(しゃしん)です。

＿＿(ま)ん＿＿(なか)に ＿＿(いもうと)が います。

問題1　読みを ひらがなで 書きなさい。

① スーパーで 牛肉と 魚と お酒を 買いました。

② 今朝は 何も 食べませんでした。お茶を 飲みました。

③ これは 家族の 写真です。犬や 鳥も います。

④ テーブルの 真ん中に 花びんが あります。

⑤ 日曜日に 映画を 見ます。ときどき、音楽を 聞きます。

問題2　＿＿に 漢字、または 漢字と ひらがなを 書きなさい。

① 「＿＿＿の ＿＿＿＿＿を とりましたか。」「＿＿＿や＿＿＿や＿＿＿です。」
　　　 なん　　しゃしん　　　　　　　　　　 はな　　とり　　いぬ

② ここから ビルが ＿＿＿＿＿＿＿。＿＿＿の＿＿＿が＿＿＿＿＿＿＿＿＿。
　　　　　　　　　 みえます　　　　くるま　　おと　　きこえます

③ ＿＿＿＿＿は ＿＿＿＿＿＿ ですから、よく ＿＿＿＿＿＿。
　　 えいが　　　 たのしい　　　　　　　　　　 みます

④ ＿＿＿は お＿＿＿を ＿＿＿＿＿＿＿。
　 わたし　　さけ　　のみません

　＿＿＿は ＿＿＿＿＿＿＿が、＿＿＿＿は ＿＿＿＿＿＿＿＿。
　 さかな　　 たべます　　　　ぎゅうにく　　　 たべません

⑤ コンビニ (convenience store) で お＿＿＿を ＿＿＿＿＿＿＿＿。
　　　　　　　　　　　　　　 ちゃ　　かいました

問題3　何画目に 書きますか。(　)の 中に 数字を 書きなさい。　れい：川（３）

① 何（　）　　② 写（　）　　③（　）画

📖 **ふりかえり** Review

➡ 自分の休みの日について、漢字を使って文を書くことができる。　　はい　・　いいえ
　Write about your off days using *kanji*.

➡ 6課で勉強した漢字を読んだり、書いたりできる。　　はい　・　いいえ
　Read and write *kanji* you learned in lesson 6.

7課 教室で In the Classroom

この課で学ぶこと 教室で使われる表現の漢字について考えましょう。

①

②

貸します ⟷ 借ります
教えます ⟷ 習います

121 **立** 5画 〔立〕

berdiri | မတ်တပ်ရပ်ခြင်း | खडा हुनु | සිටගන්නවා

た-つ 立(た)つ berdiri | မတ်တပ်ရပ်သည် | उठ्नु | සිට ගන්නවා

た-てる 立(た)てる mendirikan | တည်ထောင်သည်ရပ်သည် | उठाउनु | හිටිටවනවා

立 立 立

122 **座** 10画 〔广〕

duduk | ထိုင်ခြင်း | बस्नु | වාඩිවෙනවා

すわ-る 座(すわ)る duduk | ထိုင်သည် | बस्नु | වාඩිවෙනවා

座 座 座

123 **答** 12画 〔⺮〕

jawab | ဖြေကြားခြင်း | उत्तर | පිළිතුර

こた-え 答(こた)え jawaban | အဖြေ | उत्तर | පිළිතුර

こた-える 答(こた)える menjawab | ဖြေသည် | उत्तर दिनु | පිළිතුරු දෙනවා

答 答 答

124 **読** 14画 〔言〕

baca | ဖတ်ခြင်း | पढ्नु | කියවනවා

よ-む 読(よ)む membaca | ဖတ်သည် | पढ्नु | කියවනවා (පොත පත)

音読(おんよ)み cara baca onyomi | Onyomi အသံထွက် | ओनयोमी पठन | ඔන්යොමි(චීන උච්චාරණය)

訓読(くんよ)み cara baca kunyomi | Kunyomi အသံထွက် | ओनयोमी पठन | කුන්යොමි(ජපන් උච්චාරණය)

読 読 読

125

書 10画 〔日〕 フ ユ ユ ヨ ヨ 聿 聿 書 書 書

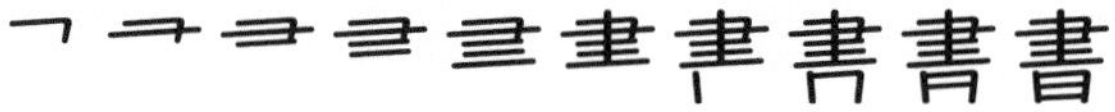

tulis | ရေးခြင်း၊ စာအုပ် | लेखन, किताब | ලියනවා

ショ 　辞書 kamus | အဘိဓာန် | शब्दकोश | ශබ්ද කෝෂය 　　図書館 perpustakaan | စာကြည့်တိုက် | पुस्तकालय | පුස්තකාලය

か-く 　書く menulis | ရေးသည် | लेखू | ලියනවා

書 書 書 ⬜ ⬜ ⬜ ⬜ ⬜ ⬜ ⬜ ⬜ ⬜ ⬜ ⬜ ⬜

よみましょう 読みを ひらがなで 書きなさい。

① 座って ください。

② 答えて ください。

③ 書いて ください。

④ 読んで ください。

⑤ 立って ください。

かきましょう ＿＿に 漢字、または 漢字と ひらがなを 書きなさい。

① ドアの ＿＿＿＿＿に ＿＿＿＿＿＿＿＿＿。
　　　　　まえ　　　　　たちます

② いすに ＿＿＿＿＿＿＿＿＿。
　　　　　すわります

③ 電＿＿＿で 漫＿＿＿を ＿＿＿＿＿＿＿。
　でん　しゃ　　　まん　が　　　よみます

④ テストの ＿＿＿＿＿＿＿を ＿＿＿＿＿＿＿＿。
　　　　　こたえ　　　　　かきます

⑤ ＿＿＿は ＿＿＿＿＿＿図＿＿館へ ＿＿＿＿＿＿＿＿。
　わたし　せんしゅう　と　しょ　かん　いきました

126 待

9画 〔彳〕 ノ ゝ 彳 彳 彳 彳 彳 待 待

tunggu | စောင့်ခြင်း | पर्खनु | රැඳී සිටිනවා/ බලා සිටිනවා

タイ 招待する しょうたい mengundang | ဖိတ်ကြားသည် | निम्ता गर्नु | අරාධනා කරනවා

ま-つ 待つ ま menunggu | စောင့်သည် | पर्खनु | රැඳී සිටිනවා/බලා සිටිනවා

待 待 待

127 度

9画 〔广〕 ` 亠 广 广 庐 庐 庐 庐 度

kali | ဒီဂရီ၊ အကြိမ် | डिग्रि | අංශක, කාලය

ド 〜度 ~ derajat, ~ kali | ဒီဂရီ၊ ~ အကြိမ် | डिग्री, ~ पटक | අංශක ප්‍රමාණය,වාර ගණන

一度 いちど sekali | တစ်ကြိမ် | एकपटक | එක් වරක්

今度 こんど kali ini, nanti | ဒီတကြိမ်၊ နောက်တကြိမ် | यसपटक, अर्कोपटक | මෙවර, ලබන වාර

タク 支度 したく persiapan | ကြိုတင်ပြင်ဆင်ခြင်း | तयारी | සූදානම

度 度 度

128 話

13画 〔言〕 ` 亠 ㇉ 言 言 言 訁 訂 訐 訐 話 話

bicara | စကားပြောခြင်း | बोल्नु | කතා කරනවා

ワ 電話 でんわ telepon | ဖုန်း | टेलिफोन | දුරකථනය

会話 かいわ percakapan | စကားပြောခြင်း | बार्ता | සංවාදය

世話 せわ membantu, mengurus | ပြုစုခြင်း၊ စောင့်ရှောက်ခြင်း | मद्दत, देखभाल | උදවි උපකාර

はな-す 話す はな berbicara | စကားပြောသည် | बोल्नु | කතා කරනවා

はなし 話 はなし pembicaraan, cerita | စကားအကြောင်းအရာ | एक कुरा, भाषण | කතාව

話 話 話

129 語

14画 〔言〕 ` 亠 ㇉ 言 言 言 訁 訂 語 語 語 語 語

bahasa, kata | ဘာသာစကား၊ စကားလုံး | भाषा | භාෂාව, වචන

ゴ 日本語 にほんご bahasa Jepang | ဂျပန်ဘာသာစကား | जापानी | ජපන් භාෂාව

英語 えいご bahasa Inggris | အင်္ဂလိပ်ဘာသာစကား | अंग्रेजी | ඉංග්‍රීසි භාෂාව

フランス語 bahasa Prancis | ပြင်သစ်ဘာသာစကား | फ्रेन्च | ප්‍රංශ භාෂාව

語 語 語

130 **英** **8画** 〔艹〕 一 十 卄 廾 芇 苩 茈 英

Inggris | ခွဲခြားသိမြင်ခြင်း၊ အင်္ဂလန်နိုင်ငံ | विशिष्ट, इंग्ल्याण्ड | කැපී පෙනෙන, එංගලන්තය

エイ 英語（えいご） bahasa Inggris | အင်္ဂလိပ်ဘာသာစကား | अंग्रेजी | ඉංග්‍රීසි භාෂාව

英	英	英												

よみましょう 読（よ）みを ひらがなで 書（か）きなさい。

① ゆっくり 話して ください。

② もう一度 お願（ねが）いします。

③ ちょっと 待って ください。

④ すみませんが、英語で お願（ねが）いします。

⑤「telephone」は 日本（ほん）語で「電（でん）話」です。

かきましょう ＿＿に 漢字（かんじ）、または 漢字（かんじ）と ひらがなを 書（か）きなさい。

① ＿＿＿＿（いちど） フランスへ ＿＿＿＿＿＿（いきました）。

② ＿＿＿＿（かいしゃ）で ＿＿＿＿（えいご）を ＿＿＿＿＿（はなします）。

③ スマホ (smartphone) で ＿＿＿＿（かいわ）を＿＿＿＿（べんきょう） します。

④ ＿＿＿（もり）さんの ＿＿＿（はなし）は おもしろいです。

⑤ ＿＿＿＿（たなか）さんを ＿＿＿＿＿（さんじゅっぷん） ＿＿＿＿＿＿（まちました）。

131 **教** 11画 一 十 土 耂 耂 考 孝 孝 孝 教 教
〔攵〕
mengajar | သင်ကြားခြင်း | पढाउनु | උගන්වනවා

キョウ 教室（きょうしつ） ruang kelas | စာသင်ခန်း | एक कक्षा | පංති කාමරය　教育（きょういく） pendidikan | ပညာရေး | शिक्षा | අධ්‍යාපනය

おし-える 教える（おしえる） mengajar | သင်ကြားသည် | सिकाउनु | උගන්වනවා

教 教 教

132 **習** 11画 ㇆ ㇆ 习 习㇆ 习㇆ 羽 羽 羽 習 習 習
〔羽〕
belajar | သင်ယူခြင်း | सिक्नु | ඉගෙනගන්නවා

シュウ 練習する（れんしゅうする） berlatih | လေ့ကျင့်သည် | अभ्यास गर्नु | අභ්‍යාස කරනවා/පුහුණුවීම් කරනවා　予習する（よしゅうする） mempersiapkan pelajaran | ကြိုတင်လေ့လာသည် | पढाइ गर्नु | පාඩම් සඳහා පෙර සූදානම් වීම

復習する（ふくしゅうする） mengulang pelajaran | ပြန်လည်လေ့ကျင့်သည် | पुनरावलोकन गर्नु | ඉගෙනගත් පාඩම් නැවත අධ්‍යයනය කරනවා

なら-う 習う（ならう） mempelajari | သင်ယူသည် | सिक्नु | ඉගෙන ගන්නවා

習 習 習

133 **貸** 12画 ノ イ 仁 代 代 代 伐 貸 貸 貸 貸 貸
〔貝〕
meminjamkan | ငှားပေးခြင်း | ऋण दिनु | ණයට දෙනවා

か-す 貸す（かす） meminjamkan | ချေးပေးသည် | उधारी दिनु, भाडा | ණයට දෙනවා

貸 貸 貸

134 **借** 10画 ノ イ 仁 什 仕 併 借 借 借 借
〔亻〕
pinjam | ချေးယူခြင်း | ऋण लिनु | ණයට ගන්නවා

か-りる 借りる（かりる） meminjam | ချေးယူသည် | उधारी ल्याउनु | ණයට ගන්නවා

借 借 借

135 **送**

9画 丶 丷 䒑 兰 关 关 关 送 送

〔辶〕

kirim | ပေးပို့ခြင်း | पठाउनु | යවනවා

ソウ 放送(ほうそう) mengudara, siaran | ထုတ်လွှင့်ခြင်း | प्रसारण | විකාශනය කරනවා

おく-る 送(おく)る mengirim | ပေးပို့သည် | पठाउनु | යවනවා

送	送	送												

よみましょう 読(よ)みを ひらがなで 書(か)きなさい。

① 留(りゅう)学生に アパートを 貸します。

② 会話を 練(れん)習しましょう。

③ 家族に 写真を 送ります。

④ 中川さんに 車を 借りました。

⑤ お名(な)前を 教えて ください。

かきましょう ＿＿に 漢字(かんじ)、または 漢字(かんじ)と ひらがなを 書(か)きなさい。

① ＿＿＿＿（やまだ）さんに お＿＿＿＿（かね）を ＿＿＿＿（かりました）。

② ＿＿＿＿（えいご）の ＿＿＿＿（かいわ）を ＿＿＿＿（ならいます）。

③ すみませんが、ペンを ＿＿＿＿（かして） ください。

④ ＿＿＿＿（かぞく）に メッセージ (message) を ＿＿＿＿（おくります）。

⑤ ＿＿＿＿（きょう）室(しつ)に ＿＿＿＿（がくせい）が います。

136 **本** 5画 〔木〕 一 十 才 木 本

buku | မူလ၊ စာအုပ် | मूल, किताब | මූලාරම්භය, පොත

ホン

本（ほん） buku | စာအုပ် | पुस्तक | පොත

日本語（にほんご） bahasa Jepang | ဂျပန်ဘာသာစကား | जपानी | ජපන් භාෂාව

日本（にほん） Jepang | ဂျပန် | जपान | ජපානය

～本（ほん） ～batang | ～ချောင်း(ရှည်လျားသောအရာများကိုရေတွက်သော စာလုံး) | पातलो र लामो चीजहरूको लागि काउन्ट | සිහින් දිග ද්‍රව්‍ය ගණන් කරන ආකාරය

本	本	本												

137 **漢** 13画 〔氵〕 、 ⺀ 氵 汀 汁 汫 泄 浐 浐 湛 漟 漢 漢

Cina | တရုတ်နိုင်ငံနှင့်ဆိုင်သော | चिनियाँ | චීන

カン

漢字（かんじ） huruf Kanji | ခန်းဂျိစာလုံး | कान्जी | කන්ජි අක්ෂර

漢	漢	漢												

138 **字** 6画 〔子〕 ' '' 宀 宁 字 字

huruf | စာလုံး | वर्णहरू, अक्षर | අක්ෂර

ジ

字（じ） huruf, tulisan | စာလုံး | अक्षर | අක්ෂර

漢字（かんじ） huruf Kanji | ခန်းဂျိစာလုံး | कान्जी | කන්ජි අක්ෂර

字	字	字												

139 **発** 9画 〔癶〕 フ ヌ ヌ´ 癶 癶 癶 癶 発 発

mulai | စတင်ခြင်း၊ ထုတ်လွှတ်ခြင်း | शुरु गर्नु | ආරම්භ කරනවා, පිට කරනවා

ハツ

発音（はつおん） pelafalan | အသံထွက် | उच्चारण | උච්චාරණය

発	発	発												

140 友 **4画** 〔又〕 一 ナ 方 友
teman | သူငယ်ချင်း | साथी | යහළුවා

とも 友達 teman | သူငယ်ချင်း | साथी | යහළුවා

友	友	友												

😮 **よみましょう** 読みを ひらがなで 書きなさい。

① 毎日 一時間、漢字を 勉強します。

② 先生が 発音を 教えます。

③ 赤ワインを 一本と 白ワインを 二本 買いました。

④ スミスさんは 字が きれいです。

⑤ 友達に 日本語の 本を 借りました。

✏️ **かきましょう** ___に 漢字、または 漢字と ひらがなを 書きなさい。

① その _____ は もう _____。
　　　　ほ ん　　　　　　　　　よ み ま し た

② _____ _____達と いっしょに _____ を _____。
　　あ し た　　と も　　　　　　　　　　え い が　　　　　　み ま す

③ _____ の _____ に _____ へ _____。
　　きょねん　　　じゅうがつ　　　　に ほ ん　　　　き ま し た

④ _____ の _____ の _____ に _____ が _____ あります。
　　わたし　　い え　　ま え　　き　　さ ん ぼ ん

⑤ _____ に _____ の _____ を _____。
　　せんせい　　　にほんご　　　　はつおん　　　　なら い ま す

問題1 読(よ)みを ひらがなで 書(か)きなさい。

① 漢字で 書いて ください。

② 日本語で 答えて ください。

③ 友達(だち)は 英語の 発音が 上手です。

④ 教室で 先生を 待ちます。

⑤ メッセージを 送りましたから、読んで ください。

⑥ 一週間に 一度、電(でん)話で 家族と 話します。

問題2 （　　）に 漢字(かんじ)、または 漢字(かんじ)と ひらがなを 書(か)きなさい。

れい：（ 上 ） ⇔ 下　　　　起きます ⇔ （ 寝ます ）
　　　うえ　（した）　　　（ おきます ）　ねます

① （　　　　） ⇔ 習います　　② 借ります ⇔ （　　　　）
　　おしえます　（　　　　）　　（　　　　）　かします

③ （　　　　） ⇔ 座ります
　　たちます　（　　　　）

問題3 何画目(なんかくめ)に 書(か)きますか。（ ）の 中(なか)に 数字(すうじ)を 書(か)きなさい。 れい：川（ 3 ）

① 友（　　）　② （　　）送　③ 英（　　）

ふりかえり Review

教室(きょうしつ)で使(つか)われている表現(ひょうげん)が理解(りかい)でき、漢字(かんじ)とひらがなで書(か)くことができる。　はい ・ いいえ
Understand the expressions used in class and write them in *kanji* and hiragana.

7課(か)で勉強(べんきょう)した漢字(かんじ)を読(よ)んだり、書(か)いたりできる。　はい ・ いいえ
Read and write *kanji* you learned in lesson 7.

8課 い形容詞（けいようし） *i* Adjectives

この課（か）で学（まな）ぶこと 「い形容詞（けいようし）」の漢字（かんじ）を考（かんが）えましょう。

大きい

小さい

長い

短い

高い

低い

軽い

重い

安い

高い

弱い

強い

新しい

古い

暑い

寒い

多い

少ない

明るい

暗い

いい

悪い

141 大

3画 〔大〕
一 ナ 大
besar | ကြီးမားခြင်း | ठूलो | විශාල

ダイ だいがく 大学 universitas | တက္ကသိုလ် | विश्वविद्यालय | විශ්ව විද්‍යාලය

タイ たいしかん 大使館 kedutaan | သံရုံး | दूतावास | තානාපති කාර්යාලය

たいせつ 大切な penting | အရေးကြီးသော | महत्त्वपूर्ण | වැදගත්

おお-きい 大きい besar | ကြီးသော | ठूलो | විශාල

◯◯ おとな 大人 dewasa | လူကြီး | एक वयस्क | වැඩිහිටි පුද්ගලයා

大	大	大										

142 小

3画 〔小〕 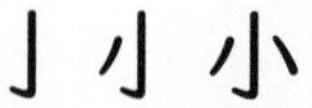
亅 小 小
kecil | သေးငယ်ခြင်း | सानो | කුඩා

ショウ しょうがっこう 小学校 SD | မူလတန်းကျောင်း | एक प्राथमिक विद्यालय | ප්‍රාථමික විද්‍යාලය

しょうがくせい 小学生 murid SD | မူလတန်းကျောင်းသား/သူ | एक विद्यार्थी | ප්‍රාථමික විද්‍යාල ශිෂ්‍යයා

しょうせつ 小説 novel | ဝတ္ထု | उपन्यास | නවකතාව

ちい-さい 小さい kecil | သေးငယ်သော | सानो | කුඩා

こ ことり 小鳥 burung kecil | ငှက်ကလေး | सानोपक्षी | කුඩා කුරුල්ලා

小	小	小										

143 高

10画 〔高〕 
丶 一 亠 古 古 古 高 高 高 高
tinggi | မြင့်မားခြင်း | उच्च | ඉහළ

コウ こうこう 高校 SMA | အထက်တန်းကျောင်း | एक उच्च माध्यमिक विद्यालय | උසස් විද්‍යාලය

こうこうせい 高校生 siswa SMA | အထက်တန်းကျောင်းသား/သူ | एक उच्च माध्यमिक विद्यार्थी | උසස් විද්‍යාල ශිෂ්‍යයා

たか-い 高い tinggi, mahal | မြင့်သော၊ ဈေးကြီးသော | उच्च, महँगो | උසයි, මිල අධිකයි

高	高	高										

144 低

7画 〔亻〕 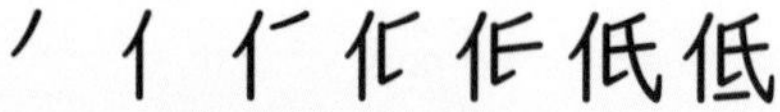
丿 亻 亻 仁 仟 低 低
rendah | နိမ့်ခြင်း | निम्न | පහතයි

ひく-い 低い rendah | နိမ့်သော | नीचो | පහතයි

低	低	低										

145 **安** 6画 〔宀〕 ' '' 宀 宀 安 安

murah | ငြိမ်းချမ်းခြင်း၊ ဈေးချိုခြင်း | शान्त, सस्तो | සාමකාමී, ලාභ

アン 安全(あんぜん)な aman | လုံခြုံသော | सुरक्षित | ආරක්ෂිත　　安心(あんしん)する merasa tenang | စိတ်အေးသည် | राहत महसुस | සැනසෙනවා

やす-い 安(やす)い murah | ဈေးသက်သာ၊ ဈေးချိုသော | सस्तो | ලාබයි

安	安	安												

よみましょう　読(よ)みを ひらがなで 書(か)きなさい。

① 姉は 背(せ)が 高い (tall) ですが、兄は 背(せ)が 低いです。

② 大きい 木に 小鳥が たくさん います。

③ 母の 手紙(てがみ)を 読んで、安心(しん)しました。

④ イギリスの 大学で 日本語を 勉強しました。

⑤ 今日の 午後、大使館(しかん)へ 行きます。

かきましょう　＿＿に 漢字(かんじ)、または 漢字(かんじ)と ひらがなを 書(か)きなさい。

① ＿＿＿＿（おおきい）のは ＿＿＿＿（たかい）ですから、＿＿＿＿（ちいさい）のを ください。

② ＿＿＿＿（にほん）の ＿＿＿＿（しょう）説(せつ)を ＿＿＿＿（えいご）で ＿＿＿＿（よみました）。

③ これは ＿＿＿＿（たい）切(せつ)な ＿＿＿＿（しゃしん）です。

④ ＿＿＿＿（おとな）は ＿＿＿＿（せんえん）で、＿＿＿＿（しょうがくせい）は ＿＿＿＿（ごひゃくえん）です。

⑤ ＿＿＿＿（だいがく）の ＿＿＿＿（しょく）堂(どう)は ＿＿＿＿（やすい）です。

146 新

13画 〔斤〕

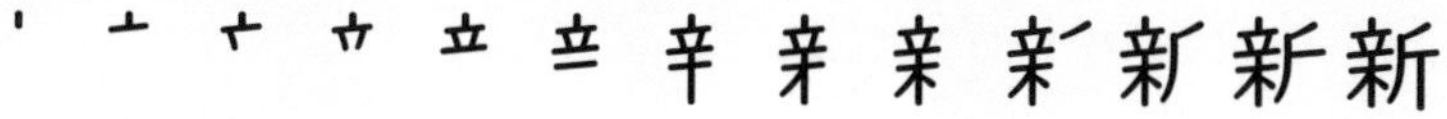

` ｀ ̅ 立 立 立 辛 辛 亲 亲 新 新 新 新 `

baru | အသစ် | नयाँ | අලුත්

シン

新聞 surat kabar | သတင်းစာ | समाचार पत्र | පුවත්පත

新聞社 perusahaan surat kabar | သတင်းစာတိုက် | समाचार कम्पनी | පුවත්පත් කන්තෝරුව/සමාගම

あたら-しい 新しい baru | သစ်သော | नयाँ | අලුත්

新	新	新												

147 古

5画 〔口〕

` 一 十 十 古 古 `

tua | ဟောင်းနွမ်းခြင်း | पुरानो | පැරණි

ふる-い 古い tua, lama | ဟောင်းသော | पुरानो | පැරණි

古	古	古												

148 多

6画 〔夕〕

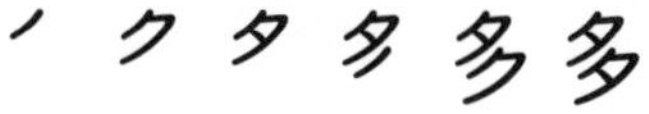

` ノ ク タ タ 多 多 `

banyak | များပြားခြင်း | धेरै | බොහෝ

おお-い 多い banyak | များသော | धेरै | බොහෝ

多	多	多												

149 少

4画 〔小〕

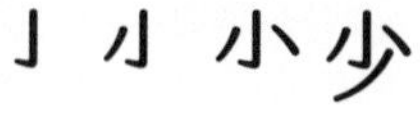

` 」 小 小 少 `

sedikit | နည်းပါးခြင်း | सानो | සුළු ප්‍රමාණයක්

すく-ない 少ない sedikit | နည်းသော | थोरै | ටිකක්, සුළු ප්‍රමාණයක්

すこ-し 少し sedikit | အနည်းငယ် | अलिकति | ටිකක්, කිහිපයක්

少	少	少												

150 **正** 5画 〔止〕 一 丅 下 正 正

benar | မှန်ကန်ခြင်း | ठिक | නිවැරදි

ショウ 正月（しょうがつ） tahun baru | နှစ်သစ်ကူး | नयाँ वर्ष, नयाँ वर्षको दिन | අලුත් අවුරුද්ද

ただ-しい 正（ただ）しい betul, benar | မှန်ကန်သော | ठीक, सहि | නිවැරදියි

正	正	正												

よみましょう 読（よ）みを ひらがなで 書（か）きなさい。

① 六月は 雨の 日が 多いです。

② 祖（そ）父は 新聞社で 働いて いました。

③ 正月に 古い 神（じん）社へ 行きました。

④ この 答えは 正しいです。

⑤ あの 図（と）書館（かん）は 本が 少ないです。

かきましょう ＿＿に 漢字（かんじ）、または 漢字（かんじ）と ひらがなを 書（か）きなさい。

① ＿＿＿（しょくじ）の ＿＿＿（まえ）に ＿＿＿（すこし） お＿＿＿（さけ）を ＿＿＿（のみます）。

② ＿＿＿（ふるい） ＿＿＿（ほん）を リサイクル (recycle) します。

③ ＿＿＿（こんげつ）は ＿＿＿（やすみ）の ＿＿＿（ひ）が ＿＿＿（おおい）です。

④ ＿＿＿（ただしい） ＿＿＿（こたえ）を ＿＿＿（おしえて）ください。

⑤ ＿＿＿（いちがつ） ＿＿＿（ついたち）から ＿＿＿（あたらしい） ＿＿＿（とし）が ＿＿＿（はじまります）。

151 **長**

8画 〔長〕

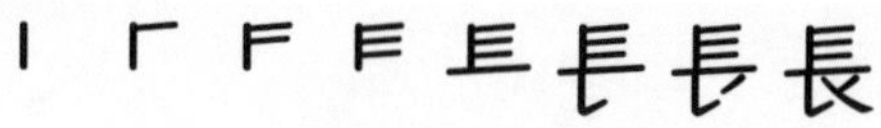

panjang, pimpinan | ရှည်ခြင်း၊ အကြီးအကဲ | लामो | දිගයි, ප්‍රධානියා

チョウ
校長（こうちょう） kepala sekolah | ကျောင်းအုပ် | प्रिन्सिपल | විදුහල්පතිතුමා
社長（しゃちょう） direktur perusahaan | ကုမ္ပဏီဥက္ကဋ္ဌ | प्रमुख - एक प्रमुख | සභාපති
学長（がくちょう） rektor | ကျောင်းအုပ် (တက္ကသိုလ်) | एक विश्वविद्यालय को अध्यक्ष (डीन) | කුලපති

なが-い
長い（ながい） panjang | ရှည်လျားသော | लामो | දිගයි

長 長 長

152 **短**

12画 〔矢〕

pendek | တိုတောင်းခြင်း | छोटो | කෙටි

みじか-い
短い（みじかい） pendek | တိုသော | छोटो | කෙටි

短 短 短

153 **軽**

12画 〔車〕

ringan | ပေါ့ပါးခြင်း | हलुका | සැහැල්ලු

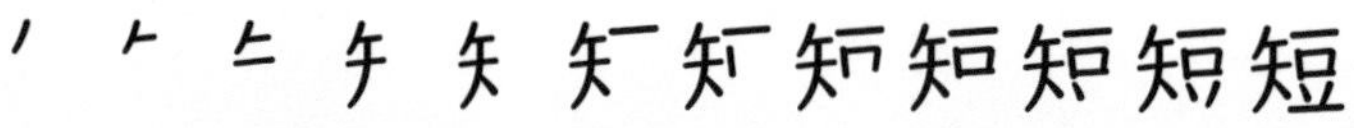

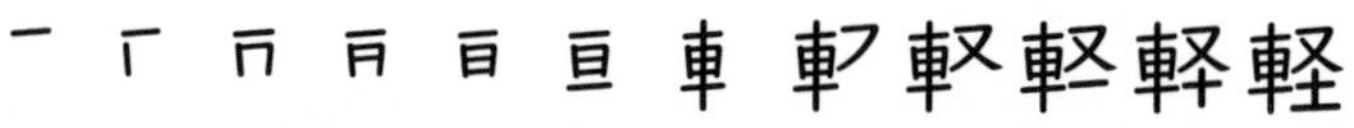

かる-い
軽い（かるい） ringan | ပေါ့ပါးသော | हलुका | සැහැල්ලු

軽 軽 軽

154 **重**

9画 〔里〕

berat | လေးလံခြင်း | भारी | විශාල බරකින් යුක්ත

おも-い
重い（おもい） berat | လေးသော | भारी | බරයි

重 重 重

155 **弱** **10画** 〔弓〕

lemah | အားနည်းခြင်း | कमजोर | දුර්වල

よわ-い　弱（よわ）い lemah | အားနည်းသော | कमजोर | දුර්වල

弱	弱	弱												

よみましょう　読（よ）みを ひらがなで 書（か）きなさい。

① この 赤ちゃんは 大きくて 重いです。

② あの方は この 会社の 社長です。

③ 喫茶店（きってん）で 軽い 食事が できます。

④ ガス (gas) の 火を 弱くして ください。

⑤ この かさは 長いです。その かさは 短いです。

かきましょう　＿＿に 漢字（かんじ）、または 漢字（かんじ）と ひらがなを 書（か）きなさい。

① ＿＿＿＿（ちいさくて） ＿＿＿＿（かるい） カメラを ＿＿＿＿（かいたい）です。

② この ＿＿＿＿（いぬ）は 足（あし）が ＿＿＿＿（みじかい）です。

③ ＿＿＿＿（だいがく）の ＿＿＿＿（なつやすみ）は ＿＿＿＿（ながい）です。

④ エアコン (air conditioner) を ＿＿＿＿（すこし） ＿＿＿＿（よわく） して ください。

⑤ ＿＿＿＿（せんせい）の かばんは ＿＿＿＿（おもい）です。

156 **暑** 12画 〔日〕

panas | ပူခြင်း | उष्ण, गर्मी | අධික රස්නය

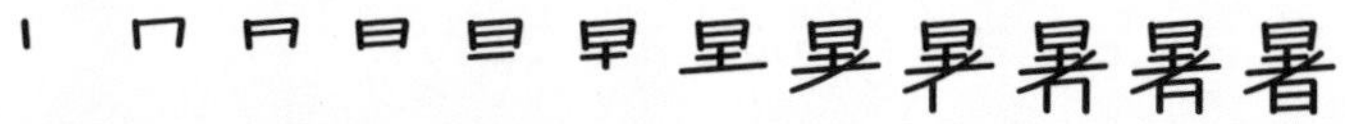

あつ-い 暑(あつ)い panas | ပူသော | गर्मी | අධික ලෙස රස්නෙයි

暑 暑 暑

157 **寒** 12画 〔宀〕

dingin | အေးခြင်း | शीत, जाडो | සීතල

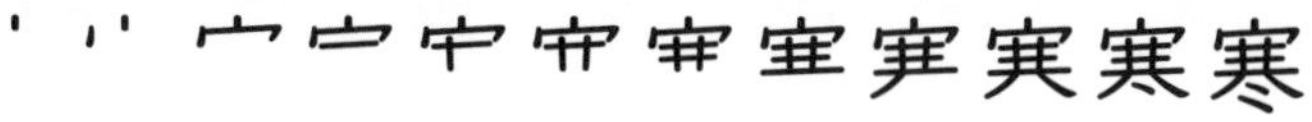

さむ-い 寒(さむ)い dingin | အေးသော | जाडो , ठण्डा | සීතලයි

寒 寒 寒

158 **暗** 13画 〔日〕

gelap | မှောင်ခြင်း | अँध्यारो | අඳුරු

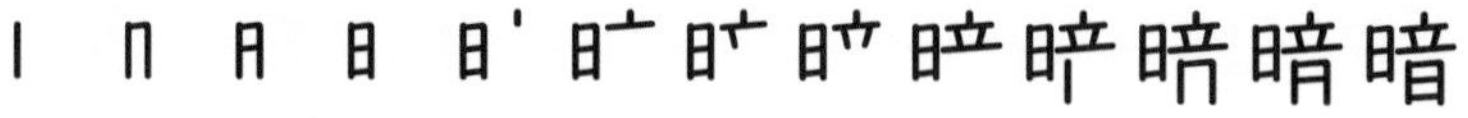

くら-い 暗(くら)い gelap | မှောင်သော | अँध्यारो | අඳුරුයි

暗 暗 暗

159 **早** 6画 〔日〕

cepat | စောခြင်း | अगाडि | වේලාසන

はや-い 早(はや)い cepat | မြန်သော | छिटो | වේලාසන

早 早 早

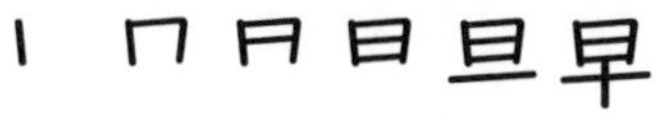

160 **悪** 11画 〔心〕

jelek | ဆိုးရွားခြင်း | खराब | නරක

わる-い　悪(わる)い jelek | ဆိုးရွားသော | खराब | නරක

悪	悪	悪												

よみましょう　読(よ)みを ひらがなで 書(か)きなさい。

① 弟は 朝早く (early in the morning) 起きます。

② 発音が 悪いですから、よく 練(れん)習しましょう。

③ 昨日は 暑かったですが、今日は 寒いです。

④ 暗い 色や 暗い 音楽は 好きじゃ ありません。明るい ものが 好きです。

かきましょう　＿＿に 漢字(かんじ)、または 漢字(かんじ)と ひらがなを 書(か)きなさい。

①「＿＿＿（わたし）は ＿＿＿（まいばん） ＿＿＿（くじ）に ＿＿＿（ねます）。」

「＿＿＿（はやい）ですね。」

② ＿＿＿（べんきょう）しませんでしたから、テストは ＿＿＿（わるかった）です。

③ ＿＿＿（くらい）ですから、電気(でんき)を つけて ください。

④ ＿＿＿（さむい）ですから、温(あたた)かい お＿＿＿（ちゃ）を ＿＿＿（のみましょう）。

⑤ ＿＿＿（ことし）の ＿＿＿（なつ）は ＿＿＿（あつい） ＿＿＿（ひ）が ＿＿＿（おおかった）です。

問題1　読(よ)みを ひらがなで 書(か)きなさい。

① 朝は 寒かったですが、今は 少し 暑いです。

② 子どもが 四人います。大学生と 高校生と 中学生と 小学生です。

③ この かばんは 重いです。軽いのは ありませんか。

④ 社長は 正月に 社員と 一緒(いっしょ)に パーティーを しました。

⑤ 少し 早いですが、天気(てんき)が 悪いですから、帰りましょう。

⑥ 1・2・3・4の 中で、どれが 正しいですか。

問題2　(　　)に 漢字(かんじ)、または 漢字(かんじ)と ひらがなを 書(か)きなさい。

れい：(大きい)　⇔　小さい
　　　おおきい　　(ちいさい)

① (　　　　)　⇔　少ない
　　おおい　　(　　　　)

② 強い　⇔　(　　　　)
　　(　　　　)　　よわい

③ 高い　⇔　(　　　　)
　　(　　　　)　　やすい

④ (　　　　)　⇔　暗い
　　あかるい　　(　　　　)

⑤ 新しい　⇔　(　　　　)
　　(　　　　)　　ふるい

⑥ (　　　　)　⇔　長い
　　みじかい　　(　　　　)

問題3　何画目(なんかくめ)に 書(か)きますか。(　)の 中(なか)に 数字(すうじ)を 書(か)きなさい。　れい：川(3)

① 弱 (　　)

② (　　) 長

③ (　　) 重

9課 な形容詞と漢語動詞 *na* Adjectives and *Kango* Verbs

この課で学ぶこと 「な形容詞」と漢語の動詞の漢字を考えましょう。

①

元気な ⟷ 病気(びょう)の

便利な ⟷ 不便な

有名な

同じ

親切な

大切な

②

研究する

洗濯する

顔(かお)を洗う

注意する

旅行する

161

元 **4画** 〔儿〕 一 二 テ 元

asal | စတင်မြစ် | उत्पत्ति | ආරම්භය

ゲン

元気な sehat | ကျန်းမာသော | स्वास्थ्यपूर्ण, राम्रो | සෞඛ්‍ය සම්පන්න

元 元 元

162

気 **6画** 〔气〕 ノ 亠 气 气 気 気

spirit | စိတ် | आत्मा | ජීවමය ගුණය, භාවය

キ

元気な sehat | ကျန်းမာသော | स्वास्थ्यपूर्ण, राम्रो | සෞඛ්‍ය සම්පන්න

病気の sakit | အဖျား | बिरामी | අසනීප

気持ち perasaan | စိတ်နေစိတ်ထား | भावना | හැඟීම, මනෝභාවය

天気 cuaca | ရာသီဥတု | मौसम | කාලගුණය

気分 kondisi badan | စိတ်ခံစားချက် | भावना | හැඟීම, මනෝභාවය

電気 listrik | လျှပ်စစ်၊ လျှပ်စစ်မီး | बिजुली, बिजुलीको प्रकाश | විදුලිය, විදුලි බල්බය

気 気 気

163

有 **6画** 〔月〕 ノ ナ オ 冇 有 有

ada | ကိုယ်ပိုင် | आफ्नो | අයිතිය

ユウ

有名な terkenal | နာမည်ကြီးသော | प्रसिद्ध | ප්‍රසිද්ධ

有 有 有

164

名 **6画** 〔口〕 ノ ク タ タ 名 名

nama | အမည် | नाम | නම

メイ
な

有名な terkenal | နာမည်ကြီးသော | प्रसिद्ध | ප්‍රසිද්ධ

名前 nama | နာမည် | नाम | නම

名 名 名

165 同 **6画** 〔口〕 丨 冂 冂 冂 同 同
sama｜တူညီခြင်း｜एउटै｜සමාන

おな-じ 同じ sama｜တူညီခြင်း｜समान｜සමාන

同	同	同												

😲 **よみましょう** 読みを ひらがなで 書きなさい。

① あの 男の子は いつも 元気です。

② ここに 名前を 書いて ください。

③ ナイル川は 有名な 川です。

④ 明日の 午前中は いい 天気ですが、午後は 雨でしょう。

⑤ 田中さんの うちは ご主人も 奥さんも 同じ 仕事を して います。

✏️ **かきましょう** ___に 漢字、または 漢字と ひらがなを 書きなさい。

① _____は みんな _____です。
　　　か ぞ く　　　　　　　　げ ん き

② お_____を _____ ください。
　　　な ま え　　　　　　お し え て

③ 富士山 (Mt. Fuji) は _____な _____です。
　　ふ じ さん　　　　　　　　　ゆ う め い　　　　や ま

④ _____が _____ですから、うちへ _____。
　　　き ぶ ん　　　　　わ る い　　　　　　　　　　か え り ま す

⑤ _____と _____は _____ _____で _____います。
　　　か な い　　　　わ た し　　お な じ　　か い しゃ　　は た ら い て

166 **親**
16画〔見〕 丶 亠 亡 立 立 辛 辛 亲 亲 亲 新 新 親 親 親 親
orang tua, akrab | မိဘ၊ ရင်းနှီးခြင်း | आमा-बुवा, अभिभावक, घनिष् | දෙමව්පියන්, සමීප/කුළුපග

シン 親切(しんせつ)な ramah | သဘောကောင်းသော | उदार | කරුණාවන්ත　両親(りょうしん) kedua orang tua | မိဘနှစ်ပါး | माता-पिता(अभिभावक) | දෙමාපියන්

親	親	親												

167 **切**
4画〔刀〕 一 七 切 切
potong | ဖြတ်ခြင်း | काट्नु | කපනවා

セツ 親切(しんせつ)な ramah | သဘောကောင်းသော | उदार | කරුණාවන්ත
大切(たいせつ)な penting | အရေးကြီးသော | महत्त्वपूर्ण | වැදගත්
き-る 切(き)る memotong | လှီးသည်၊ ဖြတ်သည် | काट्नु | කපනවා　切手(きって) prangko | တံဆိပ်ခေါင်း | टिकट | මුද්දර
切符(きっぷ) tiket | လက်မှတ် | टिकट | ප්‍රවේශපත්‍ර
き-れる 切(き)れる terpotong | ပြတ်သည် | काट्नु | කැපෙනවා

切	切	切												

168 **便**
9画〔亻〕 ノ 亻 亻 仁 佰 佰 便 便 便
surat | စာ၊ အဆင်ပြေခြင်း | पत्र | ලිපිය, පහසු

ベン 便利(べんり)な praktis | အဆင်ပြေသော | सुविधाजनक | පහසුකම් සහිත　不便(ふべん)な rumit | အဆင်မပြေသော | असुविधाजनक | අපහසු/පහසුකම් අඩු
ビン 郵便局(ゆうびんきょく) kantor pos | စာတိုက် | पोस्ट अफिस | තැපැල් කාර්යාලය

便	便	便												

169 **利**
7画〔刂〕 ノ 二 千 禾 禾 和 利
manjur | အားသာခြင်း၊ အကျိုးအမြတ် | फाइदा | වාසිය, ලාභය

リ 便利(べんり)な peraktis | အဆင်ပြေသော | सुविधाजनक | පහසුකම් සහිත　利用(りよう)する menggunakan | အသုံးပြုသည် | प्रयोग गर्नु | භාවිතා කරනවා

利	利	利												

170 **不** 4画 〔一〕 一 丆 不 不

tidak, tanpa | မ ～ | अ, विरुद्ध | 'නැත' යන අරුත ගෙන දෙන උපසර්ගයක්

フ 不便(ふべん)な rumit | အဆင်မပြေသော | असुविधाजनक | අපහසු/පහසුකම් අඩු

不	不	不												

よみましょう 読(よ)みを ひらがなで 書(か)きなさい。

① コンビニは 便利ですから、よく 利用(よう)します。

② 電(でん)車に 乗(の)る 前に 切符(ぷ)を 買います。

③ 郵(ゆう)便局(きょく)で 切手(て)を 買いました。

④ 私の 会社は 遠(とお)いですから、不便です。

⑤ ご両(りょう)親は お元気ですか。

かきましょう ＿＿に 漢字(かんじ)、または 漢字(かんじ)と ひらがなを 書(か)きなさい。

① ここは スーパーが ありませんから、＿＿＿＿(ふべん)です。

② りんごを ＿＿＿＿(はんぶん)に ＿＿＿＿(きります)。

③ 郵(ゆう)＿＿＿(びん)局(きょく)は ＿＿＿(はな)屋(や)の ＿＿＿(まえ)に あります。

④ スマホは ＿＿＿＿(べんり)です。

⑤ あの ＿＿＿(おんな)の ＿＿＿(ひと)は とても ＿＿＿＿(しんせつ)です。

171 **研**
9画 〔石〕
tajam, riset | ပွတ်တိုက်ခြင်း၊ သုတေသနလုပ်ခြင်း | तेज गर्नु, अनुसन्धान | වැඩිදියුණු කරගන්නවා, පර්යේෂණය

ケン
研究(けんきゅう)する meneliti | သုတေသန ပြုလုပ်သည် | अनुसन्धान गर्नु | පර්යේෂණය කරනවා
研究室(けんきゅうしつ) lab, ruang profesor | သုတေသနအခန်း | एक अनुसन्धान कक्ष, प्रोफेसरको कार्यालय | පර්යේෂණාගාරය

研 研 研

172 **究**
7画 〔穴〕
kena, ahli | သုတေသနလုပ်ခြင်း၊ ကျွမ်းကျင်ခြင်း | अनुसन्धान, पूर्णता | උපරිමය දක්වා යෑම, ප්‍රගුණ කිරීම

キュウ
研究(けんきゅう)する meneliti | သုတေသနပြုလုပ်သည် | अनुसन्धान गर्नु | පර්යේෂණය කරනවා
研究室(けんきゅうしつ) lab, ruang profesor | သုတေသနအခန်း | एक अनुसन्धान कक्ष, प्रोफेसरको कार्यालय | පර්යේෂණාගාරය

究 究 究

173 **質**
15画 〔貝〕
tanya, kualitas | မေးခွန်း၊ အရည်အသွေး | प्रश्न | ගුණාත්මක භාවය

シツ
質問(しつもん) pertanyaan | မေးခွန်း | प्रश्न | ප්‍රශ්න

質 質 質

174 **問**
11画 〔口〕
pertanyaan | မေးခွန်း | प्रश्न गर्नु | ප්‍රශ්න

モン
質問(しつもん) pertanyaan | မေးခွန်း | प्रश्न | ප්‍රශ්න
問題(もんだい) masalah | ပြဿနာ၊ မေးခွန်း | समस्या, प्रश्न | ගැටළුව, ප්‍රශ්නය

問 問 問

175 **文** 4画 〔文〕 ' 亠 ナ 文

kalimat | စာ၊ စာကြောင်း | अक्षर, वाक्य | අක්ෂර, වාක්‍යය

ブン
作文（さくぶん） karangan | စာစီစာကုံး | एक निबन्ध | රචනය
文法（ぶんぽう） tata bahasa | သဒ္ဒါ | व्याकरण | ව්‍යාකරණ
文章（ぶんしょう） kalimat | စာကြောင်း | एक वाक्य | වාක්‍යය
文化（ぶんか） budaya | ယဉ်ကျေးမှု | सांस्कृतिक | සංස්කෘතිය

文	文	文												

よみましょう　読（よ）みを ひらがなで 書（か）きなさい。

① 文法（ぽう）に ついて 説（せつ）明します。

② 短い 作（さく）文を 書いて ください。

③ テストの 問題（だい）に ついて 質問します。

④ あなたは 大学で 何を 研究して いますか。

⑤ 社長は 社員の 質問に 答えました。

かきましょう　＿＿に 漢字（かんじ）、または 漢字（かんじ）と ひらがなを 書（か）きなさい。

① ＿＿＿＿（しつもん）しても いいですか。

② ＿＿＿（もん）題（だい）を ＿＿＿＿＿（よんで）、＿＿＿＿＿（こたえて） ください。

③ ＿＿＿＿（せんせい）は ＿＿＿（あさ）から ＿＿＿（ばん）まで ＿＿＿＿（けんきゅう）して います。

④ ＿＿＿＿（にほん）の ＿＿＿（ぶん）化（か）に ついて ＿＿＿＿＿（おしえて） ください。

⑤ ＿＿＿＿（すこし） ＿＿＿＿（ながい） 作（さく）＿＿＿（ぶん）を ＿＿＿＿＿＿＿（かきました）。

176 **洗** 9画 〔氵〕

cuci | ဆေးကြောခြင်း | धुनु | සෝදනවා

セン 洗濯(せんたく)する mencuci pakaian | အဝတ်လျှော်သည် | कपडा धुनु | සෝදනවා (රෙදි)

あら-う 洗(あら)う mencuci | ဆေးကြောသည် | धुनु | සෝදනවා

お手洗(てあら)い toilet | သန့်စင်ခန်း | शौचालय | වැසිකිළිය

洗	洗	洗												

177 **濯** 17画 〔氵〕

mencuci | လျှော်ဖွတ်ခြင်း၊ ဆေးကြောခြင်း | धुने, पखाल्नु | සෝදනවා

タク 洗濯(せんたく)する mencuci pakaian | အဝတ်လျှော်သည် | कपडा धुनु | සෝදනවා (රෙදි)

濯	濯	濯												

178 **注** 8画 〔氵〕

perhatian | လောင်းချခြင်း၊ အာရုံစူးစိုက်ခြင်း | यान केन्द्रित गर्नु | වත්කරනවා, අවධානය යොමුකරනවා

チュウ 注意(ちゅうい)する memperingatkan | သတိပေးသည် | सावधानी गर्नु | අවධානය යොමුකරනවා, අවවාද කරනවා

注射(ちゅうしゃ) menyuntik | ဆေးထိုးသည် | इन्जेक्शन | එන්නත

注	注	注												

179 **意** 13画 〔心〕

arti | စိတ် | मन | සිත

イ 注意(ちゅうい)する memperingatkan | သတိပေးသည် | सावधानी गर्नु | අවධානය යොමුකරනවා, අවවාද කරනවා

用意(ようい)する menyediakan | ပြင်ဆင်သည် | तयारी गर्नु | සූදානම් කරනවා

意味(いみ) arti | အဓိပ္ပါယ် | अर्थ | අර්ථය

意見(いけん) pendapat | အမြင်၊ ထင်မြင်ချက် | मत | අදහස්

意	意	意												

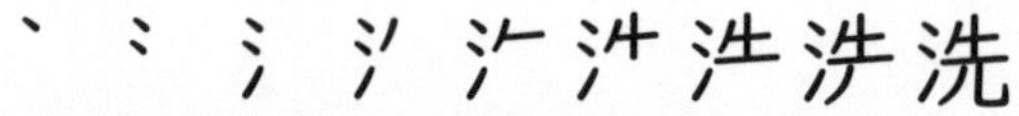

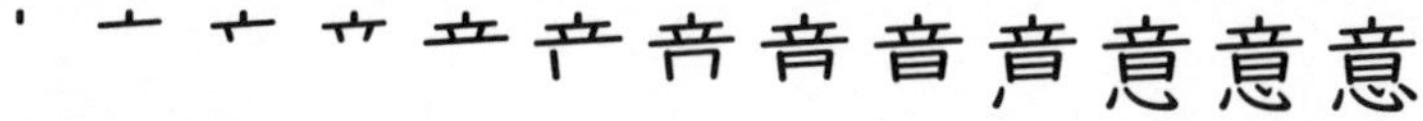

180 **旅** **10画** 〔⽅〕

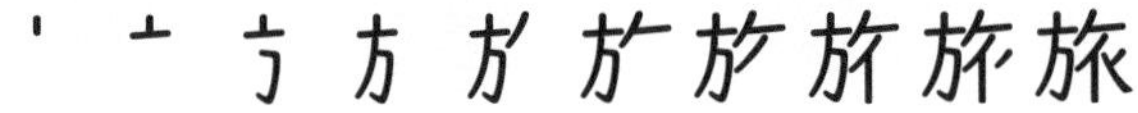

wisata | ခရီး | यात्रा गर्नु | සංචාරය කරනවා

リョ　旅行（りょこう）する berwisata | ခရီးသွားသည် | यात्रा गर्नु, यात्रा गराउनु | සංචාරය කරනවා

旅館（りょかん） penginapan | ဂျပန်ရိုးရာ တည်းခိုခန်း | योकान्,जापानी हट प्रिङ्ग | ජපන් තානායම

旅	旅	旅												

よみましょう　読（よ）みを ひらがなで 書（か）きなさい。

① お手（て）洗いは どこですか。

② 今日は いい 天（てん）気ですから、洗濯します。

③ 電（でん）車が 来ますから、注意して ください。

④ 辞（じ）書で 言葉（ことば）の 意味（み）を しらべます。

⑤ 旅行の 荷物（にもつ）を 用（よう）意します。

かきましょう　＿＿に 漢字（かんじ）、または 漢字（かんじ）と ひらがなを 書（か）きなさい。

① この セーターは ＿＿＿＿（ちゅうい）して ＿＿＿＿＿（あらって）ください。

② ＿＿＿＿＿（けんきゅう）室（しつ）の みんなで ＿＿＿＿＿（りょこう）します。

③ ＿＿＿（わたし）の レポートに ついて、＿＿＿＿（いけん）を お願（ねが）いします。

④ ＿＿＿＿（せんたく）は ＿＿＿＿＿（いっしゅうかん）に ＿＿＿＿（いちど）、＿＿＿＿（やすみ）の ＿＿＿（ひ）に します。

⑤ お手（て）＿＿＿＿（あらい）は あちらです。

問題1 読(よ)みを ひらがなで 書(か)きなさい。

① 気分が 悪いので、ちょっと お手(て)洗いに 行って 来ます。

② 私も 先生と 同じ 意見です。質問が 一つ あります。

③ 私の 大学は 日本語の 研究で 有名です。

④ 旅行は 楽しかったです。天(てん)気が よかったです。そして、旅館(かん)の 人は 親切でした。

⑤ 私の 大学には 本屋や コンビニが ありますから、便利です。

問題2 ＿＿に 漢字(かんじ)、または 漢字(かんじ)と ひらがなを 書(か)きなさい。

① 作(さく)＿＿(ぶん)に ＿＿＿＿(なまえ)を ＿＿＿＿＿＿(かいて) ください。

② ＿＿＿＿＿(せんたく)機(き) (a washing machine) が ありませんから、＿＿＿＿(ふべん)です。

③ これは ＿＿＿＿(たいせつ)な ＿＿＿＿(しゃしん)ですから、＿＿＿＿(ちゅうい)して ＿＿＿＿(みて)ください。

④ ＿＿(もり) ＿＿＿＿＿(せんせい)は いつも ＿＿＿＿(げんき)です。

⑤ ＿＿＿＿(ながい)ですから、＿＿＿＿(はんぶん)に ＿＿＿＿＿＿＿＿＿(きりましょう)。

問題3 何画目(なんかくめ)に 書(か)きますか。(　)の 中(なか)に 数字(すうじ)を 書(か)きなさい。　れい：川 (3)

① 有 (　　)

② 不 (　　)

③ 問 (　　)

ふりかえり Review

→ 勉強(べんきょう)した「な形容詞(けいようし)」「漢語動詞(かんごどうし)」の漢字(かんじ)を使(つか)って、文(ぶん)を書(か)くことができる。　はい ・ いいえ
Write sentences using *kanji* for "na-adjectives" and "Sino-Japanese verbs" you have learned.

→ 9課(か)で勉強(べんきょう)した漢字(かんじ)を読(よ)んだり、書(か)いたりできる。　はい ・ いいえ
Read and write *kanji* you learned in lesson 9.

10課 部首 Radicals

この課で学ぶこと　知っている漢字がどのような部分でできているか考えましょう。

多くの漢字はその漢字の形からいくつかの部分に分けられます。それらの部分には共通した形があり、それを「部首」といいます。部首には次の7種類があります。それぞれの部首は、多くの場合、共通の意味を表しています。

	へん ……… 漢字の左側の部分	池	持
	つくり …… 漢字の右側の部分	都	頭
	かんむり …… 漢字の上の部分	花	電
	あし ……… 漢字の下の部分	思	買
	たれ ……… 漢字の上から下にかかる部分	広	病
	にょう …… 漢字の上から右下にかかる部分	道	建
	かまえ …… 漢字の外側を囲む部分	国	開

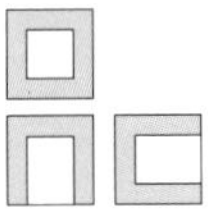

漢和辞典は部首ごとに漢字がまとめられています。また、部首には「さんずい」「くさかんむり」などのように名前がついています。部首がわかると、辞書を引くときや漢字の意味を考えるとき、漢字を口頭で説明するときなどに便利です。

1. へん

漢字の左側の部分です。「へん」には次のようなものがあります。

- 亻　にんべん（人の性質や状態などを表すもの）：休、作、使、住
- 口　くちへん（口の働きに関係するもの）：味
- 女　おんなへん（女性に関係があるもの）：姉、妹
- 土　つちへん（土に関係があるもの）：場
- 彳　ぎょうにんべん（移動に関係するもの）：行、待、後
- 扌　てへん（手に関係があるもの）：押、持
- 氵　さんずい（水に関係があるもの）：海、洗、池
- 木　きへん（木でできているものや木の状態を表すもの）：校、村
- 日　ひへん（太陽や時間に関係があるもの）：時、曜、晩
- 禾　のぎへん（稲や税に関係があるもの）：私、秋
- 言　ごんべん（言葉に関係があるもの）：読、説、話
- 金　かねへん（金属に関係があるもの）：鉄、銀
- 食　しょくへん（飲食に関係があるもの）：飲、飯

2. つくり

漢字の右側の部分です。「つくり」には次のようなものがあります。

- 阝　おおざと（人の住む場所に関係があるもの）：都、部
- 頁　おおがい（顔や頭に関係があるもの）：顔、頭

3. かんむり ⬚

漢字の上の部分です。「かんむり」には次のようなものがあります。

宀 うかんむり（家に関係があるもの）：家、室

艹 くさかんむり（草に関係があるもの）：花、茶、薬

雨 あめかんむり（気象に関係があるもの）：電

4. あし ⬚

漢字の下の部分です。「あし」には次のようなものがあります。

心 こころ（心に関係があるもの）：悪、思

貝 かい（お金に関係があるもの）：買、貸

5. たれ ⬚

漢字の上から左にかかる部分です。「たれ」には次のようなものがあります。

广 まだれ（建物に関係があるもの）：店、広、府

疒 やまいだれ（病気に関係があるもの）：病

6. にょう ⬚

漢字の上から右下にかかる部分です。「にょう」には次のようなものがあります。

廴 えんにょう（進む、延びるの意味があるもの）：建

辶 しんにょう（行くことや道に関係があるもの）：遠、近、送、道、週

7. かまえ ⬚ ⬚ ⬚

漢字の外側を囲む部分です。「かまえ」には次のようなものがあります。

囗 くにがまえ（囲むの意味があるもの）：国、図

門 もんがまえ（門に関係があるもの）：間、開、閉

Bagian Pokok

Sebagian besar Kanji, di dalamnya terdiri dari beberapa bagian sebagai elemen pembentuknya masing-masing. Dalam elemen tersebut, ada beberapa bentuk yang sama yang dinamakan bagian pokok (*bushu*). Ada 7 jenis bagian pokok (*bushu*) seperti tertera di bawah ini. Masing-masing *bushu*, pada umumnya melambangkan arti yang sama.

hen ················· bagian yang ada di sebelah kiri Kanji 池 持

tsukuri ·········· bagian yang ada di sebelah kanan Kanji 都 頭

kanmuri ········ bagian yang ada di sebelah atas Kanji 花 電

ashi ················ bagian yang ada di sebelah bawah Kanji 思 買

tare ················· bagian dari sebelah atas sampai bawah Kanji 広 病

nyo ················· bagian dari sebelah atas sampai sebelah kanan bawah Kanji 道 建

kamae ··········· bagian yang melingkupi Kanji dari luar 国 開

Kamus Kanji (Kanwa Jiten) mencantumkan atau mengelompokkan Kanji berdasarkan *bushu* yang dipakai. Perlu diingat juga bahwa *bushu* memiliki nama seperti *sanzui*, *kusakanmuri*, dan lain-lain. Jika mengetahui bagian pokok atau *bushu* dari sebuah Kanji, kita akan menjadi mudah dalam mencari arti kata di kamus, atau mengira-ngira arti sebuah Kanji, dan juga menjelaskan tentang sebuah Kanji secara lisan.

1. **Hen** Bagian yang ada di sebelah kiri Kanji. Ada beberapa *hen*, seperti tertera di bawah ini.

亻 にんべん (sesuatu yang mengekspresikan sifat, karakter atau kondisi orang) : 休、作、使、住

口 くちへん (sesuatu yang berhubungan dengan fungsi mulut) : 味

女 おんなへん (sesuatu yang berhubungan dengan wanita) : 姉、妹

土 つちへん (sesuatu yang berhubungan dengan tanah) : 場

彳 ぎょうにんべん (sesuatu yang berhubungan dengan tempat yang dituju) : 行、待、後

扌 てへん (sesuatu yang berhubungan dengan tangan) : 押、持

氵 さんずい (sesuatu yang berhubungan dengan air) : 海、洗、池

木 きへん (sesuatu yang melambangkan benda terbuat dari kayu atau keadaan pohon : 校、村

日 ひへん (sesuatu yang berhubungan dengan matahari atau waktu) : 時、曜、晩

禾 のぎへん (sesuatu yang berhubungan dengan padi, atau pajak) : 私、秋

言 ごんべん (sesuatu yang berhubungan dengan bahasa) : 読、説、話

金 かねへん (sesuatu yang berhubungan dengan logam) : 鉄、銀

飠 しょくへん (sesuatu yang berhubungan dengan makanan dan minuman) : 飲、飯

2. **Tsukuri** Bagian yang ada di sebelah kanan Kanji. Ada beberapa *tsukuri*, seperti tertera di bawah ini.

阝 おおざと (sesuatu yang berhubungan dengan tempat yang ditinggali orang) : 都、部

頁 おおがい (sesuatu yang berhubungan dengan wajah atau kepala) : 顔、頭

3. **Kanmuri** Bagian yang ada di sebelah atas Kanji. Ada beberapa *kanmuri*, seperti tertera di bawah ini.

宀 うかんむり (sesuatu yang berhubungan dengan rumah) : 家、室

艹 くさかんむり (sesuatu yang berhubungan dengan rumput) : 花、茶、薬

雨 あめかんむり (sesuatu yang berhubungan dengan iklim) : 電

4. **Ashi** Bagian yang ada di sebelah bawah. Ada beberapa *ashi*, seperti tertera di bawah ini.

心 こころ (sesuatu yang berhubungan dengan hati) : 悪、思

貝 かい (sesuatu yang ada berhubungan dengan uang) : 買、貸

5. **Tare** Bagian dari sebelah atas sampai bawah Kanji. Ada beberapa *tare*, seperti tertera di bawah ini.

广 まだれ (sesuatu yang berhubungan dengan bangunan) : 店、広、府

疒 やまいだれ (sesuatu yang berhubungan dengan penyakit) : 病

6. **Nyo** Bagian dari sebelah atas sampai sebelah kanan bawah Kanji. Ada beberapa nyo, seperti tertera di bawah ini.

廴 えんにょう (sesuatu yang memiliki arti 'maju' atau 'memanjang') : 建

辶 しんにょう (sesuatu yang berhubungan dengan tempat yang dituju atau jalan) : 遠、近、送、道、週

7. **Kamae** Bagian yang melingkupi Kanji dari luar. Ada beberapa kamae, seperti tertera di bawah ini.

囗 くにがまえ (sesuatu yang memiliki arti melingkupi) : 国、図

門 もんがまえ (sesuatu yang berhubungan dengan gerbang) : 間、開、閉

မူလရင်းမြစ်စာလုံး

ခန်းဂျီးအများစုသည် ထိုခန်းဂျီး၏ပုံစံမှ အစိတ်အပိုင်းများအဖြစ် ကွဲထွက်ပါသည်။ ထို အစိတ်အပိုင်းများတွင် တူညီသောပုံစံများရှိပြီး ထိုအရာကို “မူလရင်းမြစ်စာလုံး (bushu)” ဟု ခေါ်ပါသည်။ မူလရင်းမြစ်စာလုံးတွင် အောက်ပါအတိုင်း ၇ မျိုး ရှိပါသည်။ မူလရင်းမြစ်စာလုံးအသီးသီးသည် များသောအားဖြင့် တူညီသောအဓိပ္ပါယ်ကို ဖော်ပြပါသည်။

hen .... ခန်းဂျီး၏ဘယ်ဘက်အစိတ်အပိုင်း 池 持

tsukuri .... ခန်းဂျီး၏ညာဘက်အစိတ်အပိုင်း 都 頭

kanmuri... ခန်းဂျီး၏အပေါ်ဘက်အစိတ်အပိုင်း 花 電

ashi .... ခန်းဂျီး၏အောက်ဘက်အစိတ်အပိုင်း 思 買

tare .... ခန်းဂျီး၏အထက်မှအောက်သို့ဆွဲသည့်အစိတ်အပိုင်း 広 病

nyō .... ခန်းဂျီး၏အပေါ်မှညာဘက်အောက်သို့ဆွဲသည့်အစိတ်အပိုင်း 道 建

kamae ..... ခန်းဂျီး၏အပြင်ဘက်ကိုဝန်းရံသောအစိတ်အပိုင်း 国 開

ခန်းဂျီးစာလုံးအဘိဓာန်များတွင် မူလရင်းမြစ်စာလုံးအလိုက် ခန်းဂျီးကို စုစည်းဖော်ပြထားပါသည်။ ထို့ပြင် မူလရင်းမြစ်စာလုံးများတွင် “Sansui” “Kusakanmuri” စသဖြင့် အမည်များပါပါသည်။ မူလရင်းမြစ်စာလုံးကို နားလည်လျှင် အဘိဓာန်လှန်သည့်အခါနှင့် ခန်းဂျီးအဓိပ္ပါယ်ကို စဉ်းစားသည့်အခါ ခန်းဂျီးကို နှုတ်ဖြင့်ရှင်းပြသည့် အခါမျိုးတို့တွင် အဆင်ပြေပါသည်။

1. Hen

ခန်းဂျီး၏ဘယ်ဘက်အခြမ်းရှိ အစိတ်အပိုင်းဖြစ်ပါသည်။ “Hen” တွင် အောက်ပါအတိုင်း အမျိုးအစားများရှိပါသည်။

亻 ninben (လူသားသဘာဝနှင့်အခြေအနေကိုဖော်ပြသောစာလုံး) - 休、作、使、住

口 kuchihen (ပါးစပ်ဖြင့်ဆောင်ရွက်ခြင်းနှင့်ဆက်စပ်သောစာလုံး) - 味

女 onnahen (အမျိုးသမီးနှင့်ဆက်စပ်မှုရှိသောစာလုံး) - 姉、妹

土 tsuchihen (မြေကြီးနှင့်ဆက်စပ်မှုရှိသောစာလုံး) - 場

彳 gyōninben (ရွေ့လျားခြင်းနှင့်ဆက်စပ်သောစကားလုံး) - 行、待、後

扌 tehen (လက်နှင့်ဆက်စပ်မှုရှိသောစာလုံး) - 押、持

氵 sanzui (ရေနှင့်ဆက်စပ်မှုရှိသောစာလုံး) - 海、洗、池

木 kihen (အပင်ဖြင့်ပြုလုပ်ထားသောအရာနှင့်အပင်၏အခြေအနေကိုဖော်ပြသောစာလုံး) - 校、村

日 hihen (နေ၊ အချိန်နှင့်ဆက်စပ်မှုရှိသောစာလုံး) - 時、曜、晩

禾 nogihen (စပါး၊ အခွန်နှင့်ဆက်စပ်မှုရှိသောစာလုံး) - 私、秋

言 gonben (စကားလုံးနှင့်ဆက်စပ်မှုရှိသောစာလုံး) - 読、説、話

金 kanehen (သတ္တုနှင့်ဆက်စပ်မှုရှိသောစာလုံး) - 鉄、銀

食 shokuhen (စားသောက်ခြင်းနှင့်ဆက်စပ်မှုရှိသောစာလုံး) - 飲、飯

2. Tsukuri

ခန်းဂျီး၏ညာဘက်အစိတ်အပိုင်းဖြစ်ပါသည်။ “Tsukuri” တွင် အောက်ပါအတိုင်း အမျိုးအစားများရှိပါသည်။

阝 ōzato (လူနေထိုင်သည့်နေရာနှင့်ဆက်စပ်မှုရှိသောစာလုံး) - 都、部

頁 ōgai (မျက်နှာ၊ ဦးခေါင်းနှင့်ဆက်စပ်မှုရှိသောစာလုံး) - 顔、頭

3. Kanmuri

ခန်းဂျီး၏အပေါ်ဘက်အစိတ်အပိုင်းဖြစ်ပါသည်။ “Kanmuri” တွင် အောက်ပါအတိုင်း အမျိုးအစားများရှိပါသည်။

宀 ukanmuri (အိမ်နှင့်ဆက်စပ်မှုရှိသောစာလုံး) - 家、室

艹 kusanmuri (မြက်ပင်နှင့်ဆက်စပ်မှုရှိသောစာလုံး) - 花、茶、薬

雨 amekanmuri (ရာသီဥတုနှင့်ဆက်စပ်မှုရှိသောစာလုံး) - 電

4. Ashi

ခန်းဂျီး၏အောက်ဘက်အစိတ်အပိုင်းဖြစ်ပါသည်။ “Ashi” တွင် အောက်ပါအတိုင်း အမျိုးအစားများရှိပါသည်။

心 kokoro (နှလုံးသားနှင့်ဆက်စပ်မှုရှိသောစာလုံး) - 悪、思

貝 kai (ငွေကြေးနှင့်ဆက်စပ်မှုရှိသောစာလုံး) - 買、貸

5. Tare

ခန်းဂျီး၏အထက်မှအောက်သို့ဆွဲသည့်အစိတ်အပိုင်းဖြစ်ပါသည်။ "Tare" တွင် အောက်ပါအတိုင်း အမျိုးအစားများရှိပါသည်။

广 madare (အဆောက်အအုံနှင့်ဆက်စပ်မှုရှိသောစာလုံး) - 店、広、府

疒 yamaidare (ရောဂါနှင့်ဆက်စပ်မှုရှိသောစာလုံး) - 病

6. Nyō

ခန်းဂျီး၏အပေါ်မှညာဘက်အောက်သို့ဆွဲသည့်အစိတ်အပိုင်းဖြစ်ပါသည်။ "Nyō" တွင် အောက်ပါအတိုင်း အမျိုးအစားများရှိပါသည်။

廴 ennyō (ရှေ့ဆက်ခြင်း၊ ချဲ့ခြင်းအဓိပ္ပါယ်ရှိသောစာလုံး) - 建

辶 shinnyō (သွားခြင်း၊ လမ်းနှင့်ဆက်စပ်မှုရှိသောစာလုံး) - 遠、近、送、道、週

7. Kamae

ခန်းဂျီး၏အပြင်ဘက်ကိုဝန်းရံသောအစိတ်အပိုင်းဖြစ်ပါသည်။ "Kamae" တွင် အောက်ပါအတိုင်း အမျိုးအစားများရှိပါသည်။

口 kunigamae (ဝန်းရံခြင်းအဓိပ္ပါယ်ရှိသောစာလုံး) - 国、図

門 mongamae (မုခ်ဦးနှင့်ဆက်စပ်မှုရှိသောစာလုံး) - 間、開、閉

बुस्यु

धेरै खान्जीहरूलाई तिनीहरूको आकारको आधारमा धेरै भागहरूमा विभाजन गर्न सकिन्छ। यी भागहरूमा एक सामान्य आकार छ, जसलाई "रेडिकल"(बुस्यु) भनिन्छ। त्यहाँ सात प्रकारका (बुस्यु) रेडिकलहरू छन्: प्रत्येक रेडिकल(बुस्यु) अक्सर एक साझा अर्थ प्रतिनिधित्व गर्दछ।

हेन .... खान्जी को बायाँ भाग 池 持

चुकुरी .... खान्जी को दाहिने भाग 都 頭

खान्मुरी .... खान्जी को माथिल्लो भाग 花 電

आसी .... खान्जी को तल्लो भाग 思 買

तारे .... खान्जीको माथिदेखि तलसम्म फैलिएको भाग 広 病

न्योउ .... खान्जीको माथिबाट तल दायाँसम्म फैलिएको भाग 道 建

खामाए .... खान्जीको बाहिरी भाग वरपरको भाग 国 開

कान्वा शब्दकोशले खान्जीलाई (बुस्यु)रेडिकलद्वारा व्यवस्थित गर्दछ। (बुस्यु)रेडिकलहरूको पनि नामहरू छन्, जस्तै ``सानजुई" र ``कुसाकानमुरी। शब्दकोशहरू हेर्दा, कान्जीको अर्थको बारेमा सोच्दा, र खान्जीलाई मौखिक रूपमा व्याख्या गर्दा (बुस्यु)रेडिकलहरू जान्नु उपयोगी हुन्छ।

1. **हेन** यो खान्जीको बायाँ छेउ हो। " हेन " ले निम्न समावेश गर्दछ

亻 **निम्बेन्** (एक व्यक्तिको प्रकृति वा अवस्था व्यक्त गर्ने चीज)：休、作、使、住

口 **कुचीहेन** (मुखको कामसँग सम्बन्धित कुराहरू)：味

女 **ओन्नाहेन** (महिलासँग सम्बन्धित कुराहरू)：姉、妹

土 **चुचीहेन** (माटोसँग सम्बन्धित कुराहरू)：場

彳 **ग्यो निम्बेन** (जानेसँग सम्बन्धित कुराहरू)：行、待、後

扌 **तेहेन्** (हातसँग सम्बन्धित चीजहरू)：押、持

氵 **सानजुई** (पानीसँग सम्बन्धित कुराहरू)：海、洗、池

木 **किहेन्** (काठले बनेको वा काठको अवस्थालाई प्रतिनिधित्व गर्ने चीजहरू)：校、村

日 **हिहेन** (सूर्य वा समयसँग सम्बन्धित चीजहरू)：時、曜、晩

禾 **नोगीहेन** (धान चामल र करसँग सम्बन्धित कुराहरू)：私、秋

言 **गोम्बेन्** (शब्दहरूसँग सम्बन्धित कुराहरू)：読、説、話

金 **खानेहेन्** (धातुसँग सम्बन्धित चीजहरू) : 鉄、銀
食 **स्योकुहेन** (खाना र पेय पदार्थ संग सम्बन्धित कुराहरु) : 飲、飯

2. **चुकुरी** यो खान्जीको दायाँतर्फका भाग हो । "चुकुरी" ले निम्न समावेश गर्दछ
阝 **ओजातो** (व्यक्तिहरूको बसोबास स्थलसँग सम्बन्धित वस्तुहरू) : 都、部
頁 **ओगाई** (अनुहार र टाउकोसँग सम्बन्धित चीजहरू) : 顔、頭

3. **खान्मुरी** योखान्जी माथिको भाग हो। "खान्मुरी " ले निम्न समावेश
宀 **गर्दछ।उन्कानमुरी** (घरसँग सम्बन्धित चीजहरू) : 家、室
艹 **कुसाकन्मुरी** (घाँससँग सम्बन्धित वस्तुहरू) : 花、茶、薬
雨 **आमे खान्मुरी** (मौसम सम्बन्धित चीजहरू) : 電

4. **आसी** खान्जीको तल्लो भाग हो। " आसी" ले निम्न समावेश गर्दछ।
心 **कोकोरो** (मनसँग सम्बन्धित वस्तुहरू) : 悪、思
貝 **काई** (पैसासँग सम्बन्धित वस्तुहरू) : 買、貸

5. **तारे** खान्जीको माथि बायाँतर्फका भाग हो। 'तारे ' मा तलका ठाउँहरू छन्
广 **मदारे** (भवनसँग सम्बन्धित कुराहरू) : 店、広、府
疒 **यामाइतारे** (रोगसँग सम्बन्धित वस्तुहरू) : 病

6. **न्योउ** यो खान्जीको माथिबाट तल दायाँसम्म फैलिएको भाग हो। " न्योउ " ले निम्न समावेश गर्दछ।
廴 **एन्योउ** (बढ्ने, फैलिने वा बढाउने कुरा सम्बन्धित वस्तुहरू) : 建
辶 सीन्योउ (जाने वा मार्गसँग सम्बन्धित वस्तुहरू) : 遠、近、送、道、週

7. **खामाए** यो खान्जीको बाहिरी भागलाई घेरिएको भाग हो। " खामाए " ले निम्न समावेश गर्दछ।

囗 **कुनीगामाए** (ती चीजहरू जुन तिनीहरूलाई घेर्नुको अर्थ छ) : 国、図
門 **मोन्गामाए** (गेटसँग सम्बन्धित चीजहरू) : 間、開、閉

බුෂු (කංජි අක්ෂරයක කොටස්)

බොහෝ කංජි අක්ෂර, පහසුවෙන් හඳුනාගතහැකි කුඩා කොටස් වලින් සැකසී ඇත. කංජි අක්ෂරයක සාමාන්‍ය අර්ථය හඟවන කොටස 'බුෂු' යනුවෙන් හඳුන්වනු ලබයි. මෙම 'බුෂු' එහි ස්වරූපය සහ අක්ෂරය තුළ පිහිටන ස්ථානය අනුව ප්‍රධාන වශයෙන් වර්ග හතකට බෙදා දැක්වේ. ශබ්ද කෝෂයක කංජි අක්ෂර වර්ගීකරණය සිදුවනුයේ ද 'බුෂු' අනුවය. පැරණි ශබ්ද කෝෂ බොහෝමයක දැක්වෙන පරිදි 'බුෂු' 214ක් වැනි විශාල ප්‍රමාණයක් ඇතැයි සැලකේ. ඒ අතුරින් ප්‍රධාන 'බුෂු'වර්ග හතක් හඳුනාගැනෙන අතර ඒවා පහත පරිදි වේ.

- **හෙන්** ………… කංජි අක්ෂරයක වම් පසින් පිහිටන බුෂු 池 持
- **ත්සුකුරි** ……. කංජි අක්ෂරයක දකුණු පසින් පිහිටන බුෂු 都 頭
- **කන්මුරි** ……. කංජි අක්ෂරයක උඩින් පිහිටන බුෂු 花 電
- **අෂි** ……………… කංජි අක්ෂරයක පහතින් පිහිටන බුෂු 思 買
- **තරෙ** ………… කංජි අක්ෂරයක වම් පසින් ඉහළ සිට පහළ දක්වා ලියනු ලබන බුෂු 広 病
- **නෙයෝ** ………… කංජි අක්ෂරයක වම් පසින් ඉහළ සිට දකුණු දෙසට බරව පහළට ලියනු ලබන බුෂු 道 建
- **කමඑ** ………… කංජි අක්ෂරයක පැති තුනක් හෝ හතරක් වටවන ලෙස ලියනු ලබන බුෂු 国 開

සියළුම 'බුෂු'සඳහා නමක් ඇත. 'බුෂු'සහ ඒවායේ නම් දැනසිටීම කංජි ශබ්ද කෝෂ පරිශීලනයේදී මෙන්ම කංජි අක්ෂර විස්තර කිරීමේදී ද බොහෝ සෙයින් ප්‍රයෝජනවත් වන අතර කංජි අක්ෂරයක අර්ථය දළ වශයෙන් නිගමනය කිරීමට ද උපකාරී වේ.

1. **"හෙන්" යනුවෙන් හැඳින්වෙන බුෂු**

- 亻 **නින්බෙන්** මිනිසා හෝ ඔහුගේ ක්‍රියාකාරකම් වලට සම්බන්ධ අක්ෂර; 休、作、使、住
- 口 **කුච්හෙන්** මුඛය හා සම්බන්ධ අක්ෂර; 味
- 女 **ඔන්නහෙන්** ස්ත්‍රිය හා සම්බන්ධ අක්ෂර; 姉、妹
- 土 **ත්සුචිහෙනෙ** පොළව හා සම්බන්ධ අක්ෂර; 場
- 彳 **ග්යෝනින්බෙන්** චලනය හා සම්බන්ධ අක්ෂර; 行、待、後

扌 **තෙහෙන්** අත හා සම්බන්ධ අක්ෂර; 押、持

氵 **සන්සු(*zu*)යි** ජලය හා සම්බන්ධ අක්ෂර ; 海、洗、池

木 **කිහෙන්** ගස් සහ දැව සම්බන්ධ අක්ෂර ; 校、村

日 **හිහෙන්** ඉර හා සම්බන්ධ අක්ෂර; 時、曜、晩

禾 **නොගිහෙන්** බෝග සහ බදු සම්බන්ධ අක්ෂර; 私、秋

言 **ගොන්බෙන්** භාෂාව සහ කථනය සම්බන්ධ අක්ෂර; 読、説、話

金 **කනෙහෙන්** ලෝහ හා සම්බන්ධ අක්ෂර ; 鉄、銀

食 **ෂොකුහෙන්** කෑම සහ බීම සම්බන්ධ අක්ෂර ; 飲、飯

2. **"ත්සුකුරි" යනුවෙන් හැඳින්වෙන බුෂු**

阝 **ඕස(*za*)තො** මිනිස් වාසස්ථාන හා සම්බන්ධ අක්ෂර ; 都、部

頁 **ඕගයි** මුහුණ සහ හිස සම්බන්ධ අක්ෂර ; 顔、頭

3. **"කන්මුරි" යනුවෙන් හැඳින්වෙන බුෂු**

宀 **උකන්මුරි** නිවාස හා සම්බන්ධ අක්ෂර ; 家、室

艹 **කුසකන්මුරි** තණකොළ සහ ශාක සම්බන්ධ අක්ෂර ; 花、茶、薬

雨 **අමෙකන්මුරි** කාලගුණය හා සම්බන්ධ අක්ෂර ; 電

4. **"අෂි" යනුවෙන් හැඳින්වෙන බුෂු**

心 **කොකොරො** හදවත, ආත්මය සහ හැඟීම් සම්බන්ධ අක්ෂර ; 悪、思

貝 **කයි** මුදල් හා සම්බන්ධ අක්ෂර ; 買、貸

5. **"තරෙ"යනුවෙන් හැඳින්වෙන බුෂු**

广 **මදරෙ** ගොඩනැගිලි හා සම්බන්ධ අක්ෂර ;店、広、府

疒 **යමයිදරෙ** රෝග හා සම්බන්ධ අක්ෂර ; 病

6. **"නෙයෝ" යනුවෙන් හැඳින්වෙන බුෂු**

廴 **එන්නෙයෝ** ප්‍රගතිය, වර්ධනය හා සම්බන්ධ අක්ෂර ; 建

辶 **ශින්නෙයෝ** ගමන් කිරීම, චලනය සහ මාර්ග යනාදිය සම්බන්ධ අක්ෂර ; 遠、近、送、道、週

7. **"කමඑ" යනුවෙන් හැඳින්වෙන බුෂු**

囗 **කුනිගමඑ** වට කිරීම, වටපිටාව සහ ප්‍රදේශය සම්බන්ධ අක්ෂර ; 国、図

門 **මොන්ගමඑ** ගේට්ටු හා සම්බන්ධ අක්ෂර ; 間、開、閉

181 言 7画 〔言〕 丶 一 ニ ゠ 言 言 言 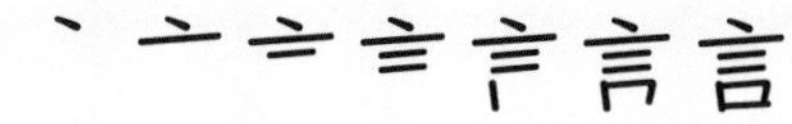
berkata | ပြောခြင်း၊ စကားလုံး | भन्नु | කියනවා, වචන

い-う 言う berkata | ပြောသည် | भन्नु | කියනවා

こと 言葉 kosakata, bahasa | စကားလုံး | शब्द, भाषा | වචන, භාෂාව

言	言	言											

182 計 9画 〔言〕 丶 一 ニ ゠ 言 言 言 計 計
jumlah, rencana | တွက်ချက်ခြင်း၊ အစီအစဉ် | गणना गर्नु | ගණනය කිරීම, සැලසුම් කිරීම

ケイ 時計 jam | နာရီ | घडी - एक घडी | ඔරලෝසුව

計画する merencanakan | အစီအစဉ်ဆွဲသည် | योजना बनाउनु | සැලසුම් කරනවා

計	計	計											

183 池 6画 〔氵〕 丶 丶 氵 氵 汁 池
kolam | ရေကန် | पोखरी | පොකුණ

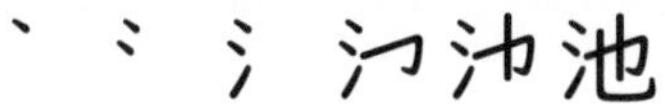

いけ 池 kolam | ရေကန် | पोखरी | පොකුණ

池	池	池											

184 洋 9画 〔氵〕 丶 丶 氵 氵 氵 洋 洋 洋 洋
lautan | သမုဒ္ဒရာ၊ အနောက်တိုင်း | महासागर | සාගරය, බටහිර

ヨウ 洋服 pakaian | အနောက်တိုင်း၀တ်စုံ | पश्चिमी वस्त्र | බටහිර ඇඳුම්

洋室 kamar ala barat | အနောက်တိုင်းစတိုင်အခန်း | पश्चिमी शैलीको कोठा | බටහිර පන්නයේ කාමරය

洋	洋	洋											

185 **和** 8画 〔ロ〕 一 二 千 千 禾 利 和 和

jepang | ငြိမ်းချမ်းရေး၊ ဂျပန်နိုင်ငံနှင့်ဆိုင်သော | शान्ति, जापानी | සාමය, ජපන්

ワ

和室（わしつ） kamar ala Jepang | ဂျပန်ရိုးရာစတိုင်အခန်း | जापानी शैलीको कोठा | ජපන් පන්නයේ කාමරය

平和（へいわ） damai | ငြိမ်းချမ်းရေး | शान्ति | සාමය

和	和	和												

よみましょう 読（よ）みを ひらがなで 書（か）きなさい。

① 去年の 誕（たん）生日に 両（りょう）親に 時計を もらいました。

② この 言葉（ば）の 意味（み）が わかりますか。

③ 和室（しつ）と 洋室（しつ）と どちらが いいですか。

④ 正月に 一年の 計画を 書きます。

⑤ 林の 中に 大きい 池が あります。

かきましょう ＿＿に 漢字（かんじ）、または 漢字（かんじ）と ひらがなを 書（か）きなさい。

① ＿＿＿＿（ふゆやすみ）の ＿＿＿＿（りょこう）を ＿＿＿＿（けいかく）します。

② あの ＿＿＿＿（おんな）の ＿＿＿＿（こ）は ＿＿＿＿（あかい） ＿＿＿＿（よう）服（ふく）が ＿＿＿＿（すき）です。

③ ＿＿＿＿（やまだ）さんは ＿＿＿＿（いま） ＿＿＿＿（なん）と ＿＿＿＿（いいました）か。

④ ＿＿＿＿（いけ）に ＿＿＿＿（ちいさい） ＿＿＿＿（さかな）が います。

⑤ この ＿＿＿＿（とけい）の ＿＿＿＿（じかん）は ＿＿＿＿（ただしい）ですか。

186 **代** 5画 〔亻〕 ノ 亻 仁 代 代

biaya | အစားထိုးခြင်း၊ မျိုးဆက်၊ အဖိုးအခ | बदली, परिवर्तन, दायित्व | ආදේශ කිරීම, පරම්පරාව, අයකිරීම

ダイ 時代(じだい) jaman | ခေတ်ကာလ | युग - एक युग | යුගය　～代(だい) biaya～ | အခကြေးငွေ | शुल्क, फी | අයකිරීම

か-わる 代(か)わりに pengganti | အစား | जगहमा, स्थानमा,सट्टामा | වෙනුවට

代	代	代												

187 **持** 9画 〔扌〕 一 十 扌 扌 扌 拄 拄 持 持

punya | ကိုင်ခြင်း၊ ပိုင်ဆိုင်ခြင်း | सम्हाल्नु | සතුව තිබෙනවා, තිබෙනවා

も-つ 持(も)つ mempunyai | သယ်ဆောင်သည်၊ ကိုင်သည် | होल्ड गर्नु ,राख्नु | සතුව තිබෙනවා, තිබෙනවා　お金持(かねも)ちの kaya | သူဌေး | धनी | පොහොසත්

気持(きも)ち perasaan | စိတ်ခံစားချက် | भावना | හැඟීම, මනෝභාවය

持(も)って行(い)く pergi membawa | သယ်ဆောင်သွားသည် | ल्याउनु | රැගෙන යනවා　持(も)って来(く)る datang membawa | သယ်ဆောင်လာသည် | लिएर आउनु | රැගෙන එනවා

持	持	持												

188 **押** 8画 〔扌〕 一 十 扌 扌 扣 押 押 押

tekan | တွန်းခြင်း | थिच्नु | ඔබනවා

お-す 押(お)す menekan | တွန်းသည် | ठेल्नु,धकेल्नु | තල්ලු කරනවා

押	押	押												

189 **引** 4画 〔弓〕 フ コ 弓 引

tarik | ဆွဲခြင်း | खिच्नु | අදිනවා

ひ-く 引(ひ)く menarik | ဆွဲသည် | खिच्नु , तान्नु | අදිනවා

引(ひ)き出(だ)し laci | အံဆွဲ | पैसा निकालिएको | ලාච්චුව, ආපසුගැනීම් (මුදල්)

引(ひ)っ越(こ)す pindah rumah | အိမ်ပြောင်းသည် | बैंकबाट पैसा निकाल्नु | නව නිවහනකට යෑම

引	引	引												

190 **紙** 10画 〔糸〕 く 幺 幺 糸 糸 糸 糸 紅 紅 紙

kertas | စာရွက် | कागज | කඩදාසි

かみ

紙（かみ） kertas | သတင်းစာ | कागज | කඩදාසි

手紙（てがみ） surat | ပေးစာ | पत्र | ලිපිය

紙	紙	紙												

よみましょう 読（よ）みを ひらがなで 書（か）きなさい。

① 森さんは お金持ちです。

② この 花びんは 江戸（えど）時代 (the Edo period) の ものです。

③ ここから 大学までの バス代は 二百円です。

④ 気分が 悪く なったら、この ボタンを 押して ください。

⑤ 机（つくえ）の 引き出（だ）しの 中に 手（て）紙が あります。

かきましょう ＿＿に 漢字（かんじ）、または 漢字（かんじ）と ひらがなを 書（か）きなさい。

① ＿＿＿（きょう）は 天（てん）＿＿＿（き）が よくて、＿＿＿（きもち）が いいです。

② ＿＿＿（あした）は ＿＿＿（ひる）ご飯（はん）と ＿＿＿（のみ）物（もの）を ＿＿＿（もってきて）ください。

③ その ドアは ＿＿＿（おさないで）、＿＿＿（ひいて） ください。

④ ＿＿＿（しゃちょう）の ＿＿＿（かわり）に ＿＿＿（わたし）が ＿＿＿（きました）。

⑤ この ＿＿＿（かみ）に ＿＿＿（なまえ）を ＿＿＿（かいて）ください。

191 **服**

8画 〔月〕

pakaian | အဝတ်အစား | कपडा | ඇඳුම්

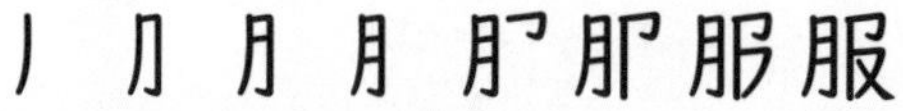

フク

服（ふく） pakaian | အဝတ်အစား | बस्त्र | ඇඳුම්

洋服（ようふく） pakaian barat | အနောက်တိုင်းဝတ်စုံ | पश्चिमी बस्त्र | බටහිර ඇඳුම්

服	服	服												

192 **取**

8画 〔又〕

ambil | ယူဆောင်ခြင်း | लिनु | ගන්නවා

と-る

取る（とる） mengambil | ယူသည် | लिनु | ගන්නවා

取	取	取												

193 **歌**

14画 〔欠〕

lagu | သီချင်း | गीत | ගීතය

うた

歌（うた） lagu | သီချင်း | गीत | ගීතය

うた-う

歌う（うたう） menyanyi | သီချင်းဆိုသည် | गाउनु | ගායනා කරනවා

歌	歌	歌												

194 **特**

10画 〔牜〕

khusus | အထူးဖြစ်ခြင်း | विशेष | විශේෂ

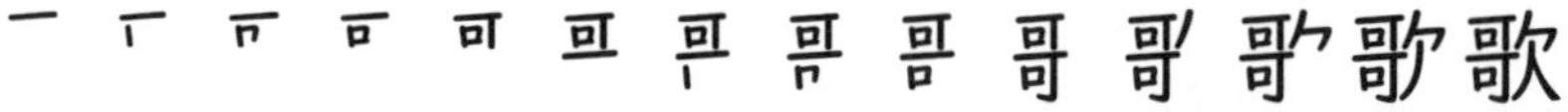

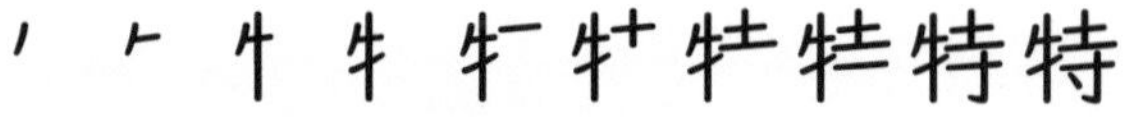

トク

特別な（とくべつな） khusus | ထူးခြားသော | विशेष | විශේෂ

特に（とくに） istimewa | အထူးသဖြင့် | विशेष गरी | විශේෂයෙන්

特急（とっきゅう） ekspres | အထူးအမြန် | एक विशेष एक्सप्रेस | සීඝ්‍රගාමී දුම්රිය

特	特	特												

195 **別** 7画 〔刂〕

lain | ပိုင်းခြားခြင်း၊ အခြားသော | विभिन्न, अर्को | වෙන්කරනවා, වෙනත්

ベツ 特別(とくべつ)な khusus | ထူးခြားသော | विशेष | විශේෂ　　別(べつ)の yang lain | အခြားသော | अरु | වෙනත්

わか-れる 別(わか)れる berpisah | ကွဲကွာသည် | छुट्टा गर्नु | වෙන්වෙනවා

別	別	別												

よみましょう　読(よ)みを ひらがなで 書(か)きなさい。

① 質問は 特に ありません。

② 今日は 特別な 日ですから、家内に 花を 買います。

③ 田中さんの お父さんは 歌が 上手です。

④「さようなら」と 言って、友達(だち)と 別れました。

⑤ どうぞ、好きな ケーキを 一つ 取って ください。

かきましょう　＿＿に 漢字(かんじ)、または 漢字(かんじ)と ひらがなを 書(か)きなさい。

① ＿＿＿＿(こたえ)は ＿＿＿＿(べつ)の ＿＿＿＿(かみ)(another sheet of paper) に ＿＿＿＿(かいて)ください。

② ＿＿＿＿(わたし)は ＿＿＿＿(うた)が 下手(へた)ですから、カラオケに ＿＿＿＿(いきません)。

③ あの ＿＿＿＿(がくせい)たちは みんな ＿＿＿＿(おなじ) ＿＿＿＿(ようふく)を 着(き)て います。

④ ＿＿＿＿(じかん)が ありませんから、＿＿＿＿(とっ)急(きゅう)で ＿＿＿＿(いきましょう)。

⑤ その ＿＿＿＿(くろい) ＿＿＿＿(かみ)を ＿＿＿＿(とって)いただけませんか。

196 集 **12画** ノ イ イ イ゛ ゛ 什 仆 倠 隹 隼 集 集
〔隹〕
kumpul | စုဆောင်းခြင်း | जम्मा गर्नु | එකතු කරනවා, ඒකරාශී කරනවා

あつ-まる 集まる berkumpul | စုပုံနေသည် | जम्मा हुनु, जम्मा गर्नु | ඒකරාශී වෙනවා, එකතු වනවා (අකර්මක ක්‍රියා පදය)
あつ-める 集める mengumpulkan | စုဆောင်းသည် | जम्मा गर्नु, जम्मा गर्नु | එකතු කරනවා, ඒකරාශී කරනවා (සකර්මක ක්‍රියා පදය)

集 集 集

197 売 **7画** 一 十 士 声 声 声 売
〔貝〕
jual | ရောင်းခြင်း | बेच्नु | විකුණනවා

う-る 売る menjual | ရောင်းသည် | बेच्नु | විකුණනවා
売り場 tempat jual | အရောင်းကောင်တာ | बिक्री कोठा - एक काउन्टर | වෙළඳසැල

売 売 売

198 門 **8画** l l ſ ſ ſ ſ 門 門 門
〔門〕
gerbang | အဝင်ဝ | गर्दो गेट | ගේට්ටුව

モン 門 gerbang | တံခါး | गेट | ගේට්ටුව
専門 keahlian, jurusan | မျှော်ဘာသာ | विशेषज्ञ | විශේෂඥ විශේෂඥ ක්ෂේත්‍රය

門 門 門

199 開 **12画** l l ſ ſ ſ ſ 門 門 門 閂 閂 開 開
〔門〕
buka | ဖွင့်ခြင်း | खोल्नु | විවෘත කරනවා

あ-く 開く terbuka | ဖွင့်သည် | खोल्नु | විවෘත වෙනවා (අකර්මක ක්‍රියා පදය)
あ-ける 開ける membuka | ဖွင့်သည် | खोल्नु | විවෘත කරනවා (සකර්මක ක්‍රියා පදය)
ひら-く 開く membuka | ဖွင့်လှစ်သည် | खोल्नु | විවෘත වෙනවා (අකර්මක ක්‍රියා පදය)

開 開 開

200 **閉** 11画 〔門〕 丨 冂 冃 冃 門 門 門 門 閂 閇 閉

tutup | ပိတ်ခြင်း | बन्द गर्नु | වහනවා

し-まる 閉(し)まる tertutup | ပိတ်သည် | बन्द हुनु | වැසෙනවා (අකර්මක ක්‍රියා පදය)

し-める 閉(し)める menutup | ပိတ်ထားသည် | बन्द गर्नु | වසනවා (සකර්මක ක්‍රියා පදය)

閉	閉	閉												

よみましょう

読(よ)みを ひらがなで 書(か)きなさい。

① 兄は 古い お金を 集めて います。

② そんな 洋服は どこで 売って いますか。

③ チョコレートの 箱(はこ)を 開けました。

④ あなたの 専(せん)門は 何ですか。

⑤ 寒いですから、窓(まど)を 閉めて ください。

かきましょう

＿＿に 漢字(かんじ)、または 漢字(かんじ)と ひらがなを 書(か)きなさい。

① この ＿＿(もん)は ＿＿(ろくじ)に ＿＿(しまります)。

② ＿＿(あつい)ですから、窓(まど)を ＿＿(あけましょう)。

③ ＿＿(あさ) ＿＿(はちじはん)に、＿＿(だいがく)の ＿＿(まえ)に ＿＿(あつまって)ください。

④ ドアが ＿＿(しまります)から、＿＿(ちゅうい)して ください。

⑤ コンビニで お＿＿(さけ)を ＿＿(うって) いますか。

問題1　読みを ひらがなで 書きなさい。

① 友達の 代わりに 私が 仕事を しました。

② 専門の 勉強を しに 日本へ 来ました。私の 研究計画を 読んでください。

③ この 歌は 特別な 日に 歌います。

④ 池の 魚が こちらに 集まって 来ました。

⑤ 「その 白い 服を 取って ください。」と 女の 人が 言いました。

⑥ あの方は お金持ちだそうです。いつも、とても 高い 時計を して います。

問題2　（　）に 漢字、または 漢字と ひらがなを 書きなさい。

れい：（ 高い ）⇔　低い
　　　　たかい　　　（ひくい）

①　（　　　）室　⇔　　　　和室　　　　②　　押します　　⇔（　　　　　　　　　）
　　　ようしつ　　　　　　　（　　）しつ　　　（　　　　　　　　　）　　　　ひきます

③（　　　　　　　　）⇔　　　閉めます　　④　　売ります　⇔（　　　　　　　　　）
　　あけます　　　　（　　　　　　　）　（　　　　　　　　）　　　　かいます

問題3　何画目に 書きますか。（　）の 中に 数字を 書きなさい。　れい：川（３）

①
（　）歌

②
池（　）

③
引（　）

ふりかえり Review

→ 漢字を見たとき、部首が何かわかる。　　　　　　　　　　　はい　・　いいえ
Understand the radical of *kanji* when you see them.

→ 10課で勉強した漢字を読んだり、書いたりできる。　　　　　はい　・　いいえ
Read and write *kanji* you learned in lesson 10.

問題1 読みを ひらがなで 書きなさい。

れい： この ペンは 百円でした。
　　　　　　　　　ひゃくえん

1 いい 先生に 英語を 習いましたから、発音も よくなって、会話も 上手に なりました。

2 男の人が 立って 新聞を 読んで います。女の人は となりで 音楽を 聞いています。

3 ドアが 閉まりますから、注意して ください。

4 この 映画は 長いです。３時間です。

5 この 日本の 歌は 有名ですね。歌いたいので、教えてくれませんか。

6 食事を してから 研究レポートを 書きます。

7 会社の 人は みんな 親切です。

8 この かさは 小さくて 軽くて 便利ですから、いつも 持っています。

9 冬の 朝は 寒いし、暗いし、早く (early) 起きたくないです。

10 中川さん、お元気ですか。私と 家内の 写真を 送ります。

11 近くの (nearby) コインランドリー (a coin-operated laundry) で 洗濯を します。少し 不便です。
　ちか

12 すみませんが、その 赤い 紙を 取って ください。

13 あそこで 男の人たちが お酒を 飲みながら、さくらの 花 (cherry blossom) を 見ています。

14 田中さんの 代わりに 私が その 質問に 答えます。

15 この サッカーチームは 弱いですが、私は 好きです。

問題2 ＿＿＿ に 漢字、または 漢字と ひらがなを 書きなさい。

れい： テーブルの 上 に 何 も ありません。
　　　　　　　　　うえ　　なに

1 ＿＿＿＿ の ＿＿ の ＿＿ に ＿校＿ が たくさん ＿＿＿＿＿ います。
　　だいがく　　もん　まえ　こう せい　　　　　　　　あつまって

2 ＿＿＿ の ＿＿＿＿ は、どんな ＿＿ を 着て ＿＿＿＿＿ か。
　　こんど　　りょこう　　　　　　ふく　　き　　いきます

3 ＿＿(やまだ)さんは まだ ＿＿(きません)ね。あの ＿＿(ふるい) ＿＿(とけい)は
＿＿(ただしい)ですか。

4 お＿＿(ちゃ)を ＿＿(のみながら)、もう ＿＿(すこし) ＿＿(まちましょう)。

5 ＿＿(きょう)は ＿＿(とくべつ)な ＿＿(ひ)ですから、＿＿(たかい) ＿＿(ぎゅうにく)を
＿＿(かいます)。

6 この かばんは ＿＿(やすい)ですが、＿＿(おもい)し、＿＿(いろ)も ＿＿(わるい)です。

7 ＿＿(あつい)ですから、窓(まど)を ＿＿(あけて)ください。

8 あの ＿＿(ふたり)は いつも となりに ＿＿(すわって)、ペンや 消(け)しゴムを
＿＿(かしたり)、＿＿(かりたり)して います。

9 ＿＿(いけ)に ＿＿(さかな)が います。＿＿(しろい) ＿＿(とり)も います。近(ちか)くに ＿＿(いぬ)が います。

10 この ＿＿(かんじ)の 辞(じ)＿＿(しょ)は どこで ＿＿(うって)いますか。

11 その ドアは ＿＿(おしても)、＿＿(ひいても) ＿＿(あきません)。

12 ＿＿(わたし)は ＿＿(わ)室(しつ)より ＿＿(よう)室(しつ)のほうが ＿＿(すき)です。

13 ＿＿(いもうと)は 背(せ)が ＿＿(ひくくて)、髪(かみ)が ＿＿(みじかい)です。

14 この クラスは ＿＿(おなじ) ＿＿(なまえ)の ＿＿(がくせい)が ＿＿(おおい)です。

15 メロンを ＿＿(はんぶん)に ＿＿(きって)ください。

問題3 何画目(なんかくめ)に 書(か)きますか。（　）の 中(なか)に 数字(すうじ)を 書(か)きなさい。

れい：何（7）

1 （　）楽　2 発（　）　3 寒（　）　4 度（　）　5 集（　）　6 旅（　）

問題4 □に どの 漢字(かんじ)が 入(はい)りますか。〔　〕から 一(ひと)つ 選(えら)んで 書(か)きなさい。

〔 ~~人~~　語　会　時　画　社 〕

れい：日本／アメリカ → 人

1 映／計 → □
2 □ → 長／会
3 □ → 話／社
4 日本／英 → □
5 □ → 代／間

問題5 音声(おんせい)を 聞(き)いて、例(れい)のように、ひらがなで 書(か)きましょう。
それから、漢字(かんじ)で 書(か)きましょう。

れい：けさ、テレビで　ニュースを　みました。
（今朝）　（見ました）

1 すみませんが、もう ＿＿＿＿ ＿＿＿＿ ください。
（　　　）（　　　）

2 これは江戸(えど) ＿＿＿＿ に ＿＿＿＿ ＿＿＿＿ です。
（　　　）（　　　）手（　　　）

3 ドアを ＿＿＿＿ ください。
（　　　）

4 ＿＿＿＿ の ＿＿＿＿ に ＿＿＿＿ の ＿＿＿＿ に
（　　　）（　　　）（　　　）（　　　）

＿＿＿＿。
（　　　）

5 この ＿＿＿＿ の ＿＿＿＿＿＿ は「くるま」で、＿＿＿＿＿＿ は「シャ」です。
　　（　　　　）訓（　　　　　）　　　　（　　　　　）

問題6　どちらが　正しいですか。

れい：スミスさんは 日本人ですか。…………… 1. にほんじん　　2. にほんひと

　　　コーヒーを のみました。……………… 1. 飯みました　　2. 飲みました

1 少々 おまちください。……………………… 1. しょうしょう　2. しょしょ

2 不安な きもちになります。……………… 1. ふあん　　　　2. ふまん

3 きのう 友人に あいました。…………… 1. ともだち　　　2. ゆうじん

4 氏名を かいてください。………………… 1. しめい　　　　2. なまえ

5 バナナを 一本 たべました。…………… 1. いちほん　　　2. いっぽん

6 がいしょくが おおいです。……………… 1. 夕食　　　　　2. 外食

7 たいりょうに たべものを かいました。… 1. 多量　　　　　2. 大量

8 らいしゅう はっぴょうが あります。…… 1. 発表　　　　　2. 発音

9 おおきい なみですね。…………………… 1. 池　　　　　　2. 波

10 わたしは それについて ぎもんがあります。
　　　　　　　　　　　　　　　……………… 1. 質問　　　　　2. 疑問

11課 私の 町 My Town

わたし まち

この課で学ぶこと　町や建物を表す漢字について考えましょう。

① 駅の前に銀行や病院や
いろいろな店があります。
遠くに大きい建物が
見えますね。あれは
工場です。

② 私の学校です。ここは私の
教室です。食堂はあそこで、
図書館はそのとなりです。

③ 私の家は古いですが、駅から
近いし部屋も広いです。
遊びに来てください。
これが地図です。

149

201 **駅** 14画 〔馬〕 丨 厂 冂 冂 甲 馬 馬 馬 馬 馬 馬 馬 駅 駅

statsion | ဘူတာရုံ | स्थल , टेशन | දුම්රිය ස්ථානය

エキ

駅（えき） statsion | ဘူတာ | रेल्वे स्टेशन | දුම්රිය ස්ථානය

駅員（えきいん） petugas statsion | ဘူတာဝန်ထမ်း | रेल्वे स्टेशन कर्मचारी | දුම්රිය සේවකයා

駅	駅	駅												

202 **銀** 14画 〔金〕 ノ 人 亼 亼 全 全 余 金 釒 釒 釒 鉀 鉀 銀

perak | ငွေ | चाँदी | රිදී

ギン

銀行（ぎんこう） bank | ဘဏ် | बैंक | බැංකුව

銀	銀	銀												

203 **病** 10画 〔疒〕 ' 亠 广 广 疒 疒 疒 病 病 病

sakit | ဖျားနာခြင်း | रोग | අසනීපය

ビョウ

病気（びょうき）の sakit | အဖျား | बिरामी | අසනීප

病院（びょういん） rumah sakit | ဆေးရုံ | अस्पताल | රෝහල

病	病	病												

204 **院** 10画 〔阝〕 ㇇ 了 阝 阝' 阝' 阝宀 阝宀 陀 院 院

lembaga | ခန်းမ၊ တက္ကသိုလ် | सभालय, संस्था | ශාලාව, ආයතනය

イン

病院（びょういん） rumah sakit | ဆေးရုံ | अस्पताल | රෝහල

大学院（だいがくいん） pasca sarjana | ဘွဲ့လွန်ကျောင်း | स्नातक विद्यालय | ශාස්ත්‍රපතිදී උපාධි ආයතනය

入院（にゅういん）する masuk rumah sakit, dirawat | ဆေးရုံတက်သည် | अस्पताल भर्ना | රෝහල් ගතවෙනවා

退院（たいいん）する keluar rumah sakit | ဆေးရုံဆင်းသည် | अस्पतालबाट डिस्चार्ज हुनु, अस्पताल छोड्नु | රෝහලෙන් පිටවෙනවා

院	院	院												

205　店　**8**画 〔广〕　`ー 广 广 广 庐 店 店`

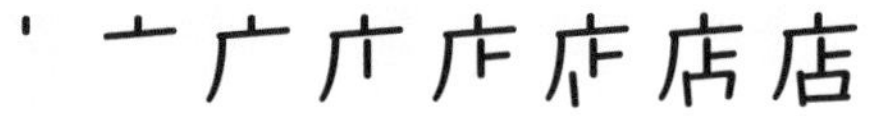

店　toko | ဈေးဆိုင် | दोकान | වෙළඳසැල

テン

店員　pelayan toko | အရောင်းဝန်ထမ်း | दुकान म्यान, कर्मचारी | වෙළඳසැලේ සේවකයා

喫茶店　kedai kopi | လက်ဘက်ရည်ဆိုင် | कफी सप, चिया गृह | කෝපි අවන්හල, තේ කඩය

みせ

店　toko | ဆိုင် | दुकान | වෙළඳසැල

店	店	店												

よみましょう　読みを ひらがなで 書きなさい。

① 友達が 入院して いますから、病院に 会いに 行きます。

② 病気は 軽い (slight) ですから、安心して ください。

③ あの 店の 店員は いつも 明るくて 元気です。

④ 妹は 大学院の 学生です。

⑤ 銀行は 駅の 前に あります。

かきましょう　＿＿に 漢字、または 漢字と ひらがなを 書きなさい。

① 「＿＿＿＿＿＿さんに なりたい」と ＿＿＿＿の ＿＿＿＿が ＿＿＿＿＿＿＿＿＿＿＿。
　　えきいん　　　　　　　　　おとこ　こ　　　　　　いい　ました

② ＿＿＿＿＿は ＿＿＿＿＿＿で ＿＿＿＿＿＿＿います。
　　おとうと　　　びょういん　　はたらいて

③ ＿＿＿＿＿＿は ＿＿＿＿＿＿から ＿＿＿＿＿＿まで ＿＿＿＿＿＿います。
　　ぎんこう　　　　くじ　　　　　さんじ　　　　あいて

④ ＿＿＿＿＿＿、＿＿＿＿＿＿で ＿＿＿＿＿を ＿＿＿＿＿＿＿＿＿。
　　せんしゅう　　びょうき　　　かいしゃ　　　やすみました

⑤ ＿＿＿＿の ＿＿＿＿に ＿＿＿＿＿＿＿ ＿＿＿＿が できました。
　　えき　　　まえ　　　　あたらしい　　　みせ

206 **遠** 13画 〔辶〕

jauh | ကွာဝေးခြင်း | दूर | දුරස්ථ

エン
遠足（えんそく） prjalanan | ကျောင်းလေ့လာရေးခရီး / ပျော်ပွဲစား | एक विद्यालय भ्रमण | පාසැල් විනෝද චාරිකාව

とお-い
遠い（とおい） jauh | ဝေးသော | दूर | දුරයි
遠くの（とおくの） jauh | ဝေး၍ | दूरको | දුර ඈත

遠 遠 遠

207 **建** 9画 〔廴〕

bangun | တည်ဆောက်ခြင်း | बनाउनु | ගොඩනගනවා

た-てる
建てる（たてる） membangun | တည်ဆောက်သည် | बनाउनु | ගොඩනගනවා
二階建て（にかいだて） berlantai dua | နှစ်ထပ်အိမ် | दुई तले भवन | දෙමහල් (නිවස)
建物（たてもの） bangunan | အဆောက်အဦး | भवन | ගොඩනැගිල්ල

※「建物」は、送りがなの「て」を書かないことが多いです。

建 建 建

208 **物** 8画 〔牛〕

barang | အရာဝတ္ထု | वस्तु | දේවල්

ブツ
動物（どうぶつ） binatang | တိရိစ္ဆာန် | पशु | සත්වයා

モツ
荷物（にもつ） bagasi, barang | ပစ္စည်း | सामान | බඩු

もの
物（もの） barang, sesuatu | ပစ္စည်း | वस्तु | දෙය/ද්‍රව්‍ය
買い物（かいもの） belanja | ဈေးဝယ်ခြင်း | किनमेल | සාප්පු සවාරි/බඩු මිලදීගැනීම
食べ物（たべもの） makanan | စားစရာ | खाना | ආහාර
飲み物（のみもの） minuman | သောက်စရာ | पेय पदार्थ | පානීය ද්‍රව්‍ය

物 物 物

209 **工** 3画 〔工〕

pabrik | ကုန်ထုတ်လုပ်ခြင်း | उत्पादन गर्नु | නිෂ්පාදනය කරනවා

コウ
工場（こうじょう） pabrik | စက်ရုံ | कारखाना | කර්මාන්ත ශාලාව
工業（こうぎょう） industri | စက်ရုံလုပ်ငန်း | उद्योग, विनिर्माण उद्योग | කර්මාන්ත, නිෂ්පාදන කර්මාන්ත

工 工 工

210 **場** 12画 〔土〕 一 十 土 … 場 場 場

tempat | နေရာ | स्थान | ස්ථානය

ジョウ　工場（こうじょう） pabrik | စက်ရုံ | कारखाना | කර්මාන්ත ශාලාව　　駐車場（ちゅうしゃじょう） tempat parkir | ယာဉ်ရပ်နားရာနေရာ | पार्किङ गाडीस्थल | රථගාල

ば　場所（ばしょ） tempat | နေရာ | स्थान | ස්ථානය　　場合（ばあい） saat, keadaan | အခြေအနေ | परिस्थिति | සිදුවීම, අවස්ථාව

場	場	場												

よみましょう　読（よ）みを ひらがなで 書（か）きなさい。

① あの 白い 建物は 病院です。

② 私の 家は 駅から 遠いですから、不便です。

③ 主人は 動（どう）物が 大好きです。

④ 小学生たちが 先生と 一緒（いっしょ）に 遠足（そく）に 行きます。

⑤ 多くの 人々が 工場で 働いて います。

かきましょう　＿＿に 漢字（かんじ）、または 漢字（かんじ）と ひらがなを 書（か）きなさい。

① ＿＿＿（らいねん）、ここに ＿＿＿（こうじょう）を ＿＿＿（たてます）。

② 荷（に）＿＿＿（もつ）を ＿＿＿（はんぶん） ＿＿＿（もちましょう）か。

③ テーブルの ＿＿＿（うえ）に ＿＿＿（たべもの）や ＿＿＿（のみもの）が あります。

④ ＿＿＿（とおく）に ＿＿＿（たかい） ＿＿＿（やま）が ＿＿＿（みえます）。

⑤ ここは 動（どう）＿＿＿（ぶつ）の ＿＿＿（びょういん）です。

211 **校**

10画 〔木〕

sekolah | ကျောင်း | विद्यालय | පාසැල

コウ

学校（がっこう） sekolah | ကျောင်း | विद्यालय | පාසැල

校長（こうちょう） kepala sekolah | ကျောင်းအုပ် | प्रिन्सिपल | විදුහල්පතිතුමා

小学校（しょうがっこう） SD | မူလတန်းကျောင်း | एक प्राथमिक विद्यालय | ප්‍රාථමික විද්‍යාලය

中学校（ちゅうがっこう） SMP | အလယ်တန်းကျောင်း | जुनियर हाई स्कूल | ද්විතීක පාසැල

校 校 校

212 **室**

9画 〔宀〕

ruangan | အခန်း | कोठा | කාමරය

シツ

教室（きょうしつ） ruang kelas | စာသင်ခန်း | एक कक्षा | පංති කාමරය

研究室（けんきゅうしつ） lab, ruang profesor | သုတေသနခန်း | एक अनुसन्धान कक्ष, प्रोफेसरको कार्यालय | පර්යේෂණාගාරය

会議室（かいぎしつ） ruang rapat | အစည်းအေးခန်း | सम्मेलन कक्ष | සම්මන්ත්‍රණ ශාලාව

室 室 室

213 **堂**

11画 〔土〕

aula | ခန်းမ | हल | ශාලාව

ドウ

食堂（しょくどう） kantin | စားသောက်ခန်း | खानेपिने स्थान | ආපනශාලාව

講堂（こうどう） auditorium | စာသင်ခန်း၊ ပရိတ်သတ်ထိုင်သောနေရာ | सभागार, कक्ष | දේශන ශාලාව, ශ්‍රවනාගාරය

堂 堂 堂

214 **図**

7画 〔囗〕

peta | ရုပ်ပုံ၊ စာအုပ် | रेखाचित्र | සිතුවම, පොත

ズ

ト

地図（ちず） peta | မြေပုံ | नक्शा | සිතියම

図書館（としょかん） perpustakaan | စာကြည့်တိုက် | पुस्तकालय | පුස්තකාලය

図 図 図

215 **館** 16画 ノ 𠆢 亽 今 今 今 食 食 食' 食' 飠 飠 飠 飠 館 館
〔飠〕

gedung | အိမ်ကြီးရခိုင်၊ အဆောက်အအုံ၊ ခန်းမ | बिल्डिङ, हल | මන්දිරය, ගොඩනැගිල්ල

カン

図書館（としょかん） perpustakaan | စာကြည့်တိုက် | पुस्तकालय | පුස්තකාලය

美術館（びじゅつかん） musium seni | အနုပညာပြတိုက် | कला संग्रहालय | චිත්‍ර කෞතුකාගාරය

大使館（たいしかん） kedutaan | သံရုံး | दूतावास | තානාපති කාර්යාලය

映画館（えいがかん） bioskop | ရုပ်ရှင်ရုံ | सिनेमा हल | සිනමා ශාලාව

館	館	館												

よみましょう　読（よ）みを ひらがなで 書（か）きなさい。

① 父は 中学校の 校長です。

② 会社の 食堂で 食事します。

③ 駅から 家までの 地図を かいて ください。

④ 図書館で 食べたり 飲んだり しては いけません。

⑤ この 教室は 古くて 少し 暗いです。

かきましょう　＿＿に 漢字（かんじ）、または 漢字（かんじ）と ひらがなを 書（か）きなさい。

① ＿＿＿（にほんご） ＿＿＿（がっこう）で ＿＿＿（いちねん） ＿＿＿（べんきょう）しました。

② ＿＿＿（せんせい）の ＿＿＿（けんきゅうしつ）は どこですか。

③ ＿＿＿（しょくどう）へ ＿＿＿（ひる）ご飯（はん）を ＿＿＿（たべ）に ＿＿＿（いきます）。

④ ＿＿＿（としょかん）で ＿＿＿（ほん）を ＿＿＿（かります）。

⑤ あの ＿＿＿（あたらしい） 美術（びじゅつ）＿＿＿（かん）の ＿＿＿（たてもの）は おもしろいです。

216 **近** 7画 〔辶〕

dekat | နီးခြင်း | नजिक | ළඟ

キン 近所（きんじょ） tetangga | အနီးအနား | छिमेक | අසල්වැසියා　最近（さいきん） belakangan ini | လတ်တလော | हाल | මෑතක

ちか-い 近い（ちかい） dekat | နီးသော | नजिक | ළඟයි　近くの（ちかくの） dekat | အနီးနား | नजिकको | ළඟ

近	近	近												

217 **部** 11画 〔阝〕

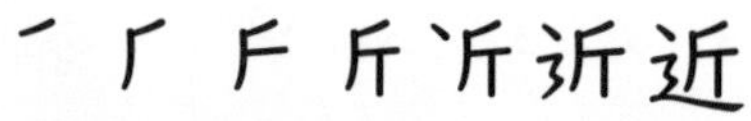

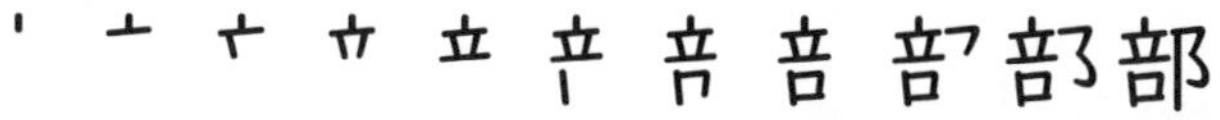

bagian | အစိတ်အပိုင်း | खण्ड | අංශය, කොටස

ブ 学部（がくぶ） fakultas | ဌာန | शाखा | අධ්‍යයන අංශය, දෙපාර්තමේන්තුව　全部の（ぜんぶの） semuanya, total | အားလုံး | सबै, पुरै | සියළුම

部長（ぶちょう） kepala bagian | ဌာနစိတ်မှူး၊ ဌာနမှူး | शाखा प्रमुख | අංශ ප්‍රධානියා

◯◯ 部屋（へや） kamar | အခန်း | कोठा | කාමරය

部	部	部												

218 **屋** 9画 〔尸〕

rumah | အိမ် | घर | නිවස

オク 屋上（おくじょう） atap | ခေါင်မိုး | छत | සිවිලිම

や 部屋（へや） kamar | အခန်း | कोठा | කාමරය　花屋（はなや） toko bunga | ပန်းဆိုင် | फूल दुकान | මල් කඩය

本屋（ほんや） toko buku | စာအုပ်ဆိုင် | पुस्तक पसल | පොත් සාප්පුව　床屋（とこや） tukang cukur | ဆံပင်ညှပ်ဆိုင် | नाई | බාබර් සාප්පුව

八百屋（やおや） toko sayuran | ဟင်းသီးဟင်းရွက်ဆိုင် | तरकारी पसल | පළතුරු සහ එළවළු වෙළඳසැල

屋	屋	屋												

219 **広** 5画 〔广〕

luas | ကျယ်ပြန့်ခြင်း | फराकिलो | පුළුල්

ひろ-い 広い（ひろい） luas | ကျယ်သော | चौडा,फराकिलो | පුළුල්

広	広	広												

220 **地** 6画 〔土〕 一 十 土 圠 地 地

tanah | မြေပြင်၊ ကုန်းမြေ | भूमि | බිම, ඉඩම

チ 地図（ちず） peta | မြေပုံ | नक्सा | සිතියම

ジ 地震（じしん） gempa | ငလျင် | भूकम्प | භූමිකම්පාව

地下鉄（ちかてつ） kereta bawah tanah | မြေအောက်ရထား | सबवे,अण्डरग्राउन्ड ट्रेन | උමං දුම්රිය මාර්ගය

地	地	地												

よみましょう　読（よ）みを ひらがなで 書（か）きなさい。

① この 建物の 屋上から 富士山（ふじさん）(Mt. Fuji) が 見えます。

② 最（さい）近、私は あまり 映画館へ 行きません。

③ 部長は 地下鉄（てつ）で 会社へ 来ます。

④ 新しくて 広い 部屋は 気持ちが いいです。

⑤ 八百屋は 本屋と 花屋の 間に あります。

かきましょう　＿＿に 漢字（かんじ）、または 漢字（かんじ）と ひらがなを 書（か）きなさい。

① この ＿＿＿（へや）は ＿＿＿（ひろくて） ＿＿＿（あかるい）です。

② ＿＿＿（ちず）を ＿＿＿（みました）が、道（みち）が わかりません。

③ ＿＿＿（にほん）は ＿＿＿（じ）震（しん）が ＿＿＿（おおい）です。

④ ＿＿＿（がくぶ）と ＿＿＿（なまえ）を ＿＿＿（かいて） ください。

⑤ ＿＿＿（いえ）の ＿＿＿（ちかく）に ＿＿＿（ほんや）や ＿＿＿（はなや）が あります。

問題 1　読(よ)みを ひらがなで 書(か)きなさい。

① 学校の 図書館や 教室や 食堂で 毎日 勉強します。

② 駅の 近くに 銀行や いろいろな 店が あります。パン (bekery) 屋は 本屋の となりです。

③ 私の アパートは ここです。建物は 少し 古いですが、部屋は 広いです。

④ 先週、牛乳(にゅう) 工場を 見に 行きました。おもしろかったです。

⑤「大使(し)館へ 行きたいんですが……。」「地下鉄(てつ)が 便利ですよ。」

問題 2　＿＿に 漢字(かんじ)、または 漢字(かんじ)と ひらがなを 書(か)きなさい。

① ＿＿＿(いっしゅうかん)に ＿＿＿(いちど)、＿＿＿(くるま)で ＿＿＿(びょういん)へ ＿＿＿(いきます)。

② ＿＿＿(しんせつ)な ＿＿＿(えきいん)が、＿＿＿(ちず)を かいて 道(みち)を ＿＿＿(おしえて)くれました。

③「この 荷(に)＿＿＿(もつ)は ＿＿＿(おもい)ですね。＿＿＿(なか)は ＿＿＿(なん)ですか。」

「＿＿＿(ほん)や ＿＿＿(ふく)や ＿＿＿(たべもの)です。」

④ ＿＿＿(きん)所(じょ)の ＿＿＿(あたらしい) ＿＿＿(えいがかん)は ＿＿＿(ひろくて) ＿＿＿(きもち)がいいです。

⑤ ＿＿＿(とおい)ですが、＿＿＿(やすい)ですから、あの ＿＿＿(みせ)で ＿＿＿(かいもの)します。

問題 3　何画目(なんかくめ)に 書(か)きますか。(　)の 中(なか)に 数字(すうじ)を 書(か)きなさい。　れい：川（３）

① (　) 図

② 部 (　)

③ (　) 病

ふりかえり Review

「駅(えき)、病院(びょういん)、図書館(としょかん)」など町(まち)にある建物(たてもの)の名前(なまえ)を見(み)たとき、意味(いみ)がわかる。　はい・いいえ
Understand the meaning of building names around the town, such as stations, hospitals, and libraries.

11課(か)で勉強(べんきょう)した漢字(かんじ)を読(よ)んだり、書(か)いたりできる。　はい・いいえ
Read and write *kanji* you learned in lesson 11.

12課

世界(せかい)と 日本(にほん) World and Japan

この課(か)で学(まな)ぶこと 地図(ちず)や住所(じゅうしょ)に使(つか)われている漢字(かんじ)について考(かんが)えましょう。

① 世界 地図

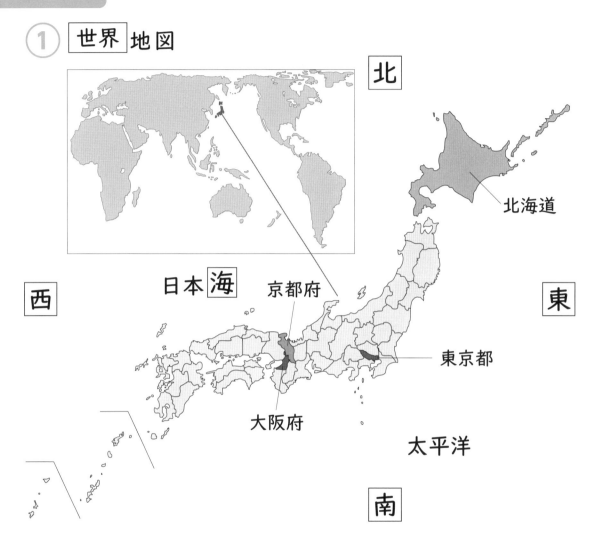

北
西
東
南
日本海
京都府
北海道
東京都
大阪府
太平洋

② 住所 を 書いて みましょう。

例） 千葉(ちば)県 千葉(ちば)市 稲毛(いなげ)区 弥生(やよい)町(ちょう)

東京都 千代田(ちよだ)区 大手(おおて)町(まち)

221 **東** 8画 〔木〕

timur | အရှေ့အရပ် | पुर्व | නැගෙනහිර

トウ 東京（とうきょう） Tokyo | တိုကျို | टोकियो | තෝකියෝව

ひがし 東（ひがし） timur | အရှေ့အရပ် | पुर्व | නැගෙනහිර

東 東 東

222 **西** 6画 〔西〕

barat | အနောက်အရပ် | पश्चिम | බටහිර

セイ 西洋（せいよう）の ala barat | အနောက်တိုင်း | पश्चिमी | බටහිර පත්තයේ

にし 西（にし） barat | အနောက်အရပ် | पश्चिम | බටහිර

西 西 西

223 **南** 9画 〔十〕

selatan | တောင်အရပ် | दक्षिण | දකුණ

ナン 東南（とうなん）アジア asia tenggara | အရှေ့တောင်အာရှ | दक्षिणपूर्व एशिया | අග්නිදිග ආසියාව

みなみ 南（みなみ） selatan | တောင်အရပ် | दक्षिण | දකුණ

南 南 南

224 **北** 5画 〔匕〕

utara | မြောက်အရပ် | उत्तर | උතුර

ホク 東北（とうほく） distrik Tohoku | အရှေ့မြောက်အရပ် | तोहोकु | තෝහොකු දිස්ත්‍රික්කය

北海道（ほっかいどう） Hokkaido | ဟိုကိုင်းဒိုး | होक्काइडो | හොක්කයිදෝව

きた 北（きた） utara | မြောက်အရပ် | उत्तर | උතුර

北 北 北

225 **京** 8画 〔亠〕

ibu kota | မြို့တော် | राजधानी | අගනුවර

キョウ　東京（とうきょう） Tokyo | တိုကျို | टोकियो | තෝකියෝව　京都（きょうと） Kyoto | ကျိုတို | क्योटो | ක්යෝතෝව

京	京	京												

よみましょう　読（よ）みを ひらがなで 書（か）きなさい。

① 日本の 東と 西では 言葉（ば）も 文化（か）も 違（ちが）います。

② 近所（じょ）の 人に 北海道（かいどう）の お土産を もらいました。

③ 東南アジアから 留（りゅう）学生が 来ました。

④ これは 京都（と）の 古い 神社（じん）の 写真です。

⑤ 日本の 北から 南まで 旅行したいです。

かきましょう　＿＿に 漢字（かんじ）、または 漢字（かんじ）と ひらがなを 書（か）きなさい。

① ＿＿（あした） ＿＿（とうきょう）の ＿＿（だいがく）で ＿＿（かい）議（ぎ）が あります。

② ＿＿（わたし）の ＿＿（がっこう）は ＿＿（えき）の ＿＿（にし）に あります。

③ ＿＿（もり）さんの ＿＿（かいしゃ）は ＿＿（きょう）都（と）の ＿＿（みなみ）に あります。

④ イギリスは ＿＿（ほっ）海道（かいどう）より ＿＿（きた）に あります。

⑤ ＿＿（ひがし）に 窓（まど）が ありますから、この ＿＿（へや）は ＿＿（あかるい）です。

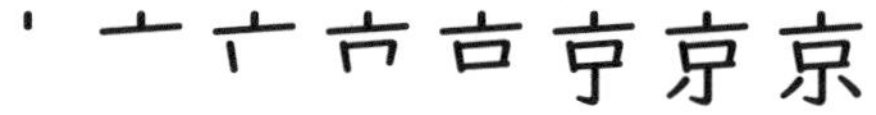

226 **世** 5画 〔一〕 一 十 卄 廿 世

dunia, kehidupan | ကမ္ဘာ၊ ခေတ် | संसार, युग | ලෝකය, යුගය

セ 世界（せかい） dunia | ကမ္ဘာ | विश्व | ලෝකය

世	世	世												

227 **界** 9画 〔田〕 丨 冂 冃 冊 田 甲 思 界 界

dunia | ကမ္ဘာ၊ နယ်နမိတ် | सीमा, क्षेत्र | ලෝකය, සීමාව

カイ 世界（せかい） dunia | ကမ္ဘာ | विश्व | ලෝකය

界	界	界												

228 **外** 5画 〔夕〕 ノ ク タ 夕 外

luar | အပြင် | बाहिर | පිටත

ガイ 外国の（がいこくの） luar negeri | နိုင်ငံခြား | विदेशको | විදේශීය　外国人（がいこくじん） orang asing | နိုင်ငံခြားသား | विदेशी | විදේශිකයා

外国語（がいこくご） bahasa asing | နိုင်ငံခြား ဘာသာစကား | विदेशी भाषा | විදේශ භාෂාව

そと 外（そと） luar | အပြင် | बाहिर | පිටත

外	外	外												

229 **国** 8画 〔囗〕 丨 冂 冂 冂 冂 囯 国 国

negara | နိုင်ငံ | देश | රට

コク 外国の（がいこくの） luar negeri | နိုင်ငံခြား | विदेशको | විදේශීය　外国人（がいこくじん） orang asing | နိုင်ငံခြားသား | विदेशी | විදේශිකයා

外国語（がいこくご） bahasa asing | နိုင်ငံခြား ဘာသာစကား | विदेशी भाषा | විදේශ භාෂාව

国際（こくさい） internasional | အပြည်ပြည်ဆိုင်ရာ | अन्तर्राष्ट्रिय | අන්තර්ජාතික

くに 国（くに） negara | နိုင်ငံ | देश | රට

国	国	国												

230 **海** **9画** 〔氵〕 丶 丶 氵 氵 氵 汇 海 海 海

laut | ပင်လယ် | समुद्र | මුහුද

カイ 海岸（かいがん） pantai, pesisir | ပင်လယ်ကမ်းရိုးတန်း | तटीय क्षेत्र | මුහුදු වෙරළ

海外（かいがい）の luar negeri | ပင်လယ်ကမ်းခြေ | अन्तर्राष्ट्रिय | පිටරට

うみ 海（うみ） laut | ပင်လယ် | सागर | මුහුද, සාගරය

海	海	海												

よみましょう　読（よ）みを ひらがなで 書（か）きなさい。

① 世界中の 国の 人々が 集まりました。

② 外で 待っていて ください。

③ 子どもは 外国語を すぐ 覚（おぼ）えます。

④ 両（りょう）親は 海の 近くに 住（す）んで います。

⑤ 国際（さい）センターで 日本語を 習いました。

かきましょう　＿＿に 漢字（かんじ）、または 漢字（かんじ）と ひらがなを 書（か）きなさい。

① ＿＿＿＿（なつやすみ）に ＿＿＿（うみ）や ＿＿＿（やま）へ ＿＿＿＿＿（いきます）。

② ＿＿＿＿（せかい）には ＿＿＿＿（にひゃく）ぐらい ＿＿＿（くに）が あります。

③ どうやって ＿＿＿＿（かいがい）へ お＿＿＿（かね）を ＿＿＿＿＿（おくります）か。

④ 京都（きょうと）で＿＿＿（こく）際（さい）＿＿＿（かい）議（ぎ）が あります。

⑤ ＿＿＿（そと）は ＿＿＿（あめ）ですから、＿＿＿（いえ）の ＿＿＿（なか）で 遊（あそ）びましょう。

231 都

11画 〔阝〕

ibu kota | မြို့တော် | नगर, राजधानी | අගනුවර

ト

京都（きょうと） Kyoto | ကျိုတို | क्योटो | ක්යෝතෝව

東京都（とうきょうと） Tokyo Metropolitan | တိုကျိုမြို့တော် | टोकियो महानगर | තෝකියෝ නගරය

ツ

都合（つごう） situasi dan kondisi | အခြေအနေ | सुविधा, परिस्थिति | තත්වය

都 都 都

232 道

12画 〔辶〕

jalan | လမ်း | मार्ग | මාර්ගය

ドウ

水道（すいどう） air ledeng | ရေပိုက်လိုင်း | पानी को आपूर्ति | ජල සැපයුම් පද්ධතිය

柔道（じゅうどう） judo | ဂျူဒို | जुडो | ජුදෝ

道具（どうぐ） alat, perkakas | ကိရိယာတန်ဆာပလာ | उपकरण | ආම්පන්න

北海道（ほっかいどう） Hokkaido | ဟိုကိုင်းဒိုး | होक्काइडो | හොක්කයිදෝව

みち

道（みち） jalan | လမ်း | बाटो | මාර්ගය

道 道 道

233 府

8画 〔广〕

pemerintah | အုပ်ချုပ်မှု ခရိုင် | प्रशासन, प्रशासनिक विभाग | පරිපාලනය ඒකකයක්, ප්‍රාන්තය

フ

大阪府（おおさかふ） perfektur Osaka | အိုဆာကာ | ओसाका प्रदेश | ඕසක ප්‍රාන්තය

京都府（きょうとふ） perfektur Kyoto | ကျိုတိုမြို့နယ် | क्योटो प्रदेश | ක්යෝතෝ ප්‍රාන්තය

府 府 府

234 県

9画 〔目〕

provinsi | ခရိုင် | प्रदेश | ප්‍රාන්තය,පළාත

ケン

～県（けん） Provinsi～ | ～ ခရိုင် | प्रदेश | ～ප්‍රාන්තය, පළාත

県 県 県

235 **区** **4画** 〔匚〕 一 フ ヌ 区

distrik | နယ်မြေ၊ ရပ်ကွက် | जिल्ला, वार्ड | දිස්ත්‍රික්කය

ク　～区（く） wilayah～ | ရပ်ကွက် | कु (वडा) | ～ජපානයේ පරිපාලන ප්‍රදේශයක්

区	区	区												

よみましょう　読（よ）みを ひらがなで 書（か）きなさい。

① 東京都 北区に 工場が あります。

② 日本には 北海道と 東京都、大阪府と 京都府、そして 県が 43 あります。

③ 今、東北は 寒いです。

④ 新しい 道が できましたから、便利に なりました。

⑤ 今週は 都合（ごう）が 悪いですから、来週に しましょう。

かきましょう　＿＿に 漢字（かんじ）、または 漢字（かんじ）と ひらがなを 書（か）きなさい。

① ＿＿＿＿（ぎんこう）で ＿＿＿＿（すいどうだい）(water charges) を はらいます。

② ＿＿＿＿（ほんや）で ＿＿＿＿（きょうとふ）の ＿＿＿＿（ちず）を ＿＿＿＿（かいました）。

③ ＿＿＿＿（とうきょうと）には ＿＿＿＿（く）が 23 あります。

④ ＿＿＿＿（おとうと）は 柔（じゅう）＿＿＿＿（どう） を ＿＿＿＿（ならって） います。

⑤ ＿＿＿＿（にほん）で いちばん ＿＿＿＿（おおきい） ＿＿＿＿（けん）は どこですか。

236 **市** 5画 〔巾〕 丶 亠 亠 冂 市

kota (madya) | မြို့ | शहर | නගරය (විශාල)

シ

～市（し） kota～ | မြို့ကြီး | शी (शिटी) | ～නගරය (විශාල)

市民（しみん） warga kota | (မြို့တွင်) နေထိုင်သူ၊ မြို့သူမြို့သား | नागरिक | පුරවැසියා

市	市	市												

237 **町** 7画 〔田〕 丨 冂 冂 冊 田 田一 町

kota | နယ်မြို့ | गाउँ | නගරය

チョウ

～町（ちょう） blok～ | ～မြို့ | चो | ～නගරය

まち

町（まち） kota | မြို့ | नगर | නගරය

町	町	町												

238 **村** 7画 〔木〕 一 十 才 木 木一 村 村

desa | ကျေးရွာ | गाउँ, गाउँली | ගම

むら

村（むら） desa | ကျေးရွာ | गाउँ | ගම

村	村	村												

239 **住** 7画 〔亻〕 丿 亻 亻丶 亻亠 仁 住 住

tinggal | နေထိုင်ခြင်း | बसाउनु | ජීවත්වෙනවා

ジュウ

住所（じゅうしょ） alamat | လိပ်စာ | ठेगाना | ලිපිනය

す-む

住む（すむ） tinggal | နေထိုင်သည် | बस्नु | ජීවත්වෙනවා

住	住	住												

240 **所** 8画 〔戸〕

tempat | နေရာ | स्थान | ස්ථානය

ショ	住所（じゅうしょ） alamat | လိပ်စာ | ठेगाना | ලිපිනය	場所（ばしょ） tempat | နေရာ | स्थान | ස්ථානය
	近所（きんじょ） tetangga | အနီးအနား | छिमेक | අසල්වැසියා	事務所（じむしょ） kantor | ရုံးခန်း | कार्यालय | කාර්යාලය
ところ	所（ところ） tempat | နေရာ | स्थान | ස්ථානය	台所（だいどころ） dapur | မီးဖိုချောင် | रसोई | මුළුතැන්ගෙය

所 所 所

よみましょう　読（よ）みを ひらがなで 書（か）きなさい。

① うちの 台（だい）所は とても 便利です。

② 兄は 京都府 京都市 南区に 住んで います。

③ 近所に 引っ越（こ）して 来ました。よろしく お願（ねが）いします。

④ 二つの 村が 一つに なって、新しい 町が できました。

⑤ これが 新しい 住所です。

かきましょう　＿＿に 漢字（かんじ）、または 漢字（かんじ）と ひらがなを 書（か）きなさい。

① この ＿＿（かみ）に ＿＿（じゅうしょ）を ＿＿（かいて） ください。

② この＿＿（まち）は みかんが ＿＿（ゆうめい）です。

③ ＿＿（へや）に ＿＿（ちいさい） 台（だい）＿＿（どころ）が あります。

④ ＿＿（あね）は 大阪（おおさか）＿＿（ふ） 大阪（おおさか）＿＿（し）に ＿＿（すんで）います。

⑤ ＿＿（きんじょ）に ＿＿（こ）どもの 遊（あそ）ぶ ＿＿（ばしょ）が ありません。

問題1　読(よ)みを ひらがなで 書(か)きなさい。

① 午後は 都合(ごう)が 悪いですから、午前中に 来て ください。

② 私は 海の 近くの 町で 生まれました。

③ 新しい 住所を 言います。京都府 京都市 北区……。

④ 川の 西と 東に 町が あります。

⑤ ここの 水は 飲めません。台所(だい)の 水道を 使(つか)って ください。

問題2　＿＿に 漢字(かんじ)、または 漢字(かんじ)と ひらがなを 書(か)きなさい。

① ＿＿＿＿（とうきょうと）には ＿＿（く）や ＿＿（し）が いくつ ありますか。

② ＿＿＿（にほん）で いちばん ＿＿＿＿（ちいさい） ＿＿（けん）は どこですか。

③ ＿＿（なつ）は ＿＿＿＿（ほっかいどう）、＿＿（ふゆ）は ＿＿（みなみ）の ほうに ＿＿＿＿＿（すみたい）です。

④ インターネットで いろいろな ＿＿＿＿（がいこくご）が ＿＿＿（べんきょう）できます。

⑤ お＿＿（かね）と ＿＿＿（じかん）が あったら、＿＿＿＿（せかいじゅう）を ＿＿＿（りょこう）したいです。

問題3　何画目(なんかくめ)に 書(か)きますか。（　）の 中(なか)に 数字(すうじ)を 書(か)きなさい。　れい：川（３）

① 北（　）

② 世（　）

③ 区（　）

ふりかえり Review

自分(じぶん)に関係(かんけい)のある住所(じゅうしょ)を読(よ)んだり、書(か)いたりできる。　はい・いいえ
Read and write addresses that relate to you.

12課(か)で勉強(べんきょう)した漢字(かんじ)を読(よ)んだり、書(か)いたりできる。　はい・いいえ
Read and write *kanji* you learned in lesson 12.

13課 体と健康 Body and Health

この課で学ぶこと　体や健康を表す漢字について考えましょう。

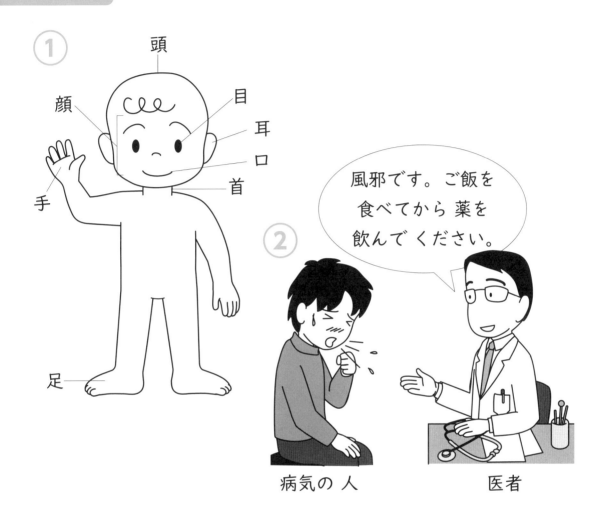

①

頭
顔
目
耳
口
首
手
足

②

風邪です。ご飯を
食べてから 薬を
飲んで ください。
病気の 人
医者

四則の計算 Four rules calculation

日本語で何と言いますか。

▶足し算 addition

1	+	1	=	2
いち	足す	いち	は	に

▶引き算 subtraction

2	−	1	=	1
に	引く	いち	は	いち

▶かけ算 multiplication

1	×	1	=	1
いち	かける	いち	は	いち

▶割り算 division

1	÷	1	=	1
いち	割る	いち	は	いち

241 **体** 7画 〔亻〕
badan | ခန္ဓာကိုယ် | शरीर | ශරීරය

からだ 体（からだ） badan | ခန္ဓာကိုယ် | शरीर | ශරීරය

体 体 体

242 **頭** 16画 〔頁〕
kepala | ဦးခေါင်း | टाउको | හිස

あたま 頭（あたま） kepala | ဦးခေါင်း | टाउको | හිස

頭 頭 頭

243 **首** 9画 〔首〕
leher | လည်ပင်း | गर्दन | බෙල්ල

くび 首（くび） leher | လည်ပင်း | गर्दन | බෙල්ල

首 首 首

244 **手** 4画 〔手〕
tangan | လက်၊ လူ | हात, व्यक्ति | අත, පුද්ගලයා

シュ 運転手（うんてんしゅ） supir | ကားမောင်းသူ | चालक | රියදුරා

て 手（て） tangan | လက် | हात | අත
手紙（てがみ） surat | ပေးစာ | पत्र | ලිපිය
切手（きって） prangko | တံဆိပ်ခေါင်း | टिकट | මුද්දරය

∞ 上手（じょうず）な pandai | တော်သော | कुशल | දක්ෂ
下手（へた）な bodoh | ညံ့သော | अकुशल | අදක්ෂ

手 手 手

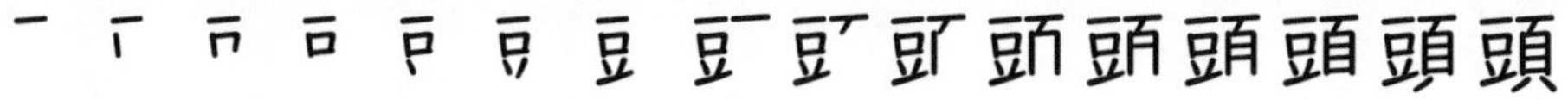

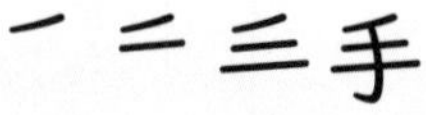

245 **足** 7画 〔足〕 丨 冂 口 ⼝ ⼝ 𧾷 足

kaki | ခြေထောက်၊ နောက်ဆက် | पाइला, पैर | පය, ප්‍රමාණවත්

あし 足（あし） kaki | ခြေထောက် | खुट्टा | පාදය

た-りる 足（た）りる cukup | လုံလောက်သည် | पर्याप्त | ප්‍රමාණවත්

た-す 足（た）す menambah | ပေါင်းထည့်သည် | थप्नु | එකතුකරනවා

足	足	足												

よみましょう 読（よ）みを ひらがなで 書（か）きなさい。

① 百円 足りません。貸して くれませんか。

② タクシーの 運転手に 道を 説明（せつ）しました。

③ 妹は 字が 下手でしたが、だんだん 上手に なりました。

④ 猫（ねこ）を 捜（さが）して います。体は 茶色で、首に 黄色い リボンを して います。

⑤ 兄は あまり 勉強しませんが、頭が いいです。

かきましょう ＿＿に 漢字（かんじ）、または 漢字（かんじ）と ひらがなを 書（か）きなさい。

① この ＿＿（くび）が ＿＿（ながい） 動（どう）＿＿（ぶつ）の ＿＿（なまえ）は ＿＿（なん）ですか。

② ＿＿（てがみ）に ＿＿（きって）を はります (to stick) 。

③ ＿＿（あたま）が 痛（いた）いので、＿＿（がっこう）を ＿＿（やすみました）。

④ 1 ＿＿（たす） 1は 2です。

⑤ ＿＿（からだ）を ＿＿（たいせつ）に して ください。

246 **顔** 18画 〔頁〕 ' 亠 亣 立 产 产 彦 彦 彦 彦 彦 彦 顔 顔 顔 顔 顔 顔

wajah | မျက်နှာ | अनुहार | මුහුණ

かお 顔(かお) wajah | မျက်နှာ | अनुहार | මුහුණ

顔	顔	顔												

247 **目** 5画 〔目〕 丨 冂 月 月 目

mata | မျက်လုံး | आँखा | ඇස

め 目(め) mata | မျက်လုံး | आँखा | ඇස

～目(め) ke～ | အကြိမ်မြောက် | क्रम संख्या वा क्रम (प्रत्यय) | ～වෙනි(වාර ගණන් කිරීමේදී භාවිත කරන පසු යෙදුමක්)

目	目	目												

248 **耳** 6画 〔耳〕 一 丅 F F 耳 耳

telinga | နားရွက် | कान | කන

みみ 耳(みみ) telinga | နားရွက် | कान | කන

耳	耳	耳												

249 **口** 3画 〔口〕 丨 冂 口

mulut | ပါးစပ် | मुख | කට

コウ 人口(じんこう) penduduk | လူဦးရေ | जनसंख्या | ජනගහනය

くち 口(くち) mulut | ပါးစပ် | मुख | කට

入り口(いりぐち) pintu masuk | ဝင်ပေါက် | प्रवेश | ඇතුළුවීමේ දොරටුව

出口(でぐち) pintu keluar | ထွက်ပေါက် | निकास | පිටවීමේ දොරටුව

口	口	口												

250 **力** **2画** 〔力〕 フ 力

tenaga | စွမ်းအား၊ အား | शक्ति | බලය, ශක්තිය

ちから 力(ちから) tenaga | အား | शक्ति | බලය, ශක්තිය

力	力	力												

よみましょう 読(よ)みを ひらがなで 書(か)きなさい。

① 朝 起きて、顔を 洗います。

② うさぎ (rabbit) は 耳が 長いです。

③ この 町の 人口は 十万人ぐらいです。

④ 弟は 柔(じゅう)道を して います。力が 強いです。

⑤ 二つ目の 角(かど)を 右に 曲(ま)がって ください。

かきましょう ＿＿に 漢字(かんじ)、または 漢字(かんじ)と ひらがなを 書(か)きなさい。

① みんなの ＿＿＿(ちから)で いい ＿＿＿(まち)を 作(つく)りましょう。

② 祖(そ)＿＿＿(ぼ)は ＿＿＿(みみ)が よく ＿＿＿＿＿＿＿＿(きこえません)が、＿＿＿＿(げんき)です。

③ 恥(は)ずかしいとき、＿＿＿(かお)が ＿＿＿＿(あかく) なります。

④ ＿＿＿(め)が ＿＿＿＿(わるい)ですから、めがねを かけます。

⑤ ここは 出(で)＿＿＿(ぐち)です。入(い)り＿＿＿(ぐち)は あちらです。

251 **風** 9画 〔風〕 丿 … 風

angin | လေ | हावा | සුළඟ

フウ 台風（たいふう） topan | မုန်တိုင်း | तूफान,आँधी | සුළි කුණාටුව

フ 風呂（ふろ） bak mandi | ရေချိုးခန်း | स्नान, बाथ | කුඩා නාන තටාකයක්

かぜ 風（かぜ） angin | လေ | हावा | සුළඟ

∞ 風邪（かぜ） masuk angin | အအေးမိခြင်း | चिसो,रुघाखोकी | සෙම්ප්‍රතිශ්‍යාව

風 風 風

252 **声** 7画 〔士〕 一 十 士 … 声

suara | အသံ | आवाज | හඬ

こえ 声（こえ） suara | အသံ(သက်ရှိအသံ) | आवाज | හඬ

声 声 声

253 **医** 7画 〔匚〕 一 … 医

medis | ဆေး၊ ကုသခြင်း | औषधि, उपचार | වෛද්‍යවරයා

イ 医者（いしゃ） dokter | ဆရာဝန် | डाक्टर | වෛද්‍යවරයා

医学（いがく） kedokteran | ဆေးပညာ | चिकित्सा विज्ञान | වෛද්‍ය විද්‍යාව

歯医者（はいしゃ） dokter gigi | သွားဆရာဝန် | दन्त चिकित्सक | දන්ත වෛද්‍යවරයා

医 医 医

254 **者** 8画 〔耂〕 一 十 土 耂 … 者

orang | လူပုဂ္ဂိုလ် | व्यक्ति | පුද්ගලයා

シャ 医者（いしゃ） dokter | ဆရာဝန် | डाक्टर | වෛද්‍යවරයා

歯医者（はいしゃ） dokter gigi | သွားဆရာဝန် | दन्त चिकित्सक | දන්ත වෛද්‍යවරයා

者 者 者

255 **薬** 16画
〔⟷〕 obat | ဆေး | औषधि | ඖෂධ

くすり　薬(くすり) obat | ဆေး | औषधि | ඖෂධ

薬	薬	薬												

よみましょう　読(よ)みを ひらがなで 書(か)きなさい。

① 風邪を ひいて、声が 出(で)ません。

② これは 医学の 本です。

③ 台(たい)風が 来ますから、注意して ください。

④ この 薬は 寝る 前に 飲んで ください。

⑤ 強い 風で 木が 倒(たお)れました。

かきましょう　＿＿に 漢字(かんじ)、または 漢字(かんじ)と ひらがなを 書(か)きなさい。

① ＿＿（かぜ）で ドアが ＿＿（しまりました）。

② ＿＿（びょういん）で ＿＿（くすり）を もらいました。

③ ＿＿（きこえません）。 ＿＿（おおきい） ＿＿（こえ）で ＿＿（はなして）ください。

④ この ＿＿（むら）には ＿＿（いしゃ）が いません。

⑤ 台(たい)＿＿（ふう）で ＿＿（たてもの）が こわれました。

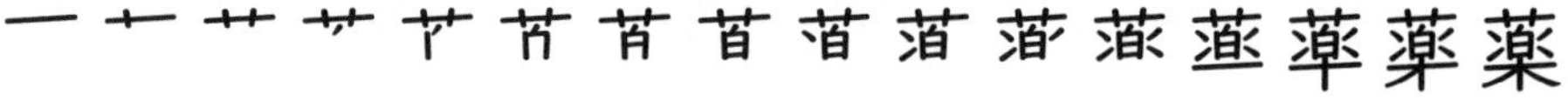

256 **飯**

12画 〔飠〕

makanan | ထမင်း၊ အစာ | भात | බත්, ආහාරවේල

ハン

ご飯(はん) nasi | ထမင်း | भात | බත්

朝(あさ)ご飯(はん) makan pagi | မနက်စာ | बिहानको खाना,नास्ता | උදෑසන ආහාරය

晩(ばん)ご飯(はん) makan malam | ညစာ | साँझको खाना | රාත්‍රී ආහාරය

夕飯(ゆうはん) makan sore | ညစာ | साँझको खाना | රාත්‍රී ආහාරය

昼(ひる)ご飯(はん) makan siang | နေ့လည်စာ | दिउँसोको खाना | දිවා ආහාරය

飯 飯 飯

257 **野**

11画 〔里〕

ladang | ကွင်းပြင် | खेत | ක්ෂේත්‍රය

ヤ

野菜(やさい) sayuran | ဟင်းသီးဟင်းရွက် | तरकारी | එළවළු

野 野 野

258 **菜**

11画 〔艹〕

sayuran | ဟင်းသီးဟင်းရွက် | साग-ब्जारी | එළවළු

サイ

野菜(やさい) sayuran | ဟင်းသီးဟင်းရွက် | तरकारी | එළවළු

菜 菜 菜

259 **心**

4画 〔心〕

hati | နှလုံးသား | मन | හදවත

シン

心配(しんぱい)する khawatir | စိတ်ပူသည် | चिन्ता गर्नु | කරදර වෙනවා

安心(あんしん)する merasa tenag | စိတ်အေးရသည် | राहत महसुस गर्नु | සැනසෙනවා

熱心(ねっしん)な ulet | စိတ်အားထက်သန်သော | उत्साही | උද්යෝගිමත්

こころ

心(こころ) hati | နှလုံးသား | हृदय | හදවත

心 心 心

260 **死** **6画** 〔歹〕 一 丆 歹 歹 歺 死

mati | သေဆုံးခြင်း | मृत्यु | මිය යනවා

し-ぬ　死（し）ぬ mati | သေသည် | मर्नु | මිය යනවා

死	死	死												

よみましょう 読（よ）みを ひらがなで 書（か）きなさい。

① 夕飯の 支（し）度を します。

② あの 人は 野菜しか 食べません。

③ 重い (serious) 病気では ありませんから、心配しないで ください。

④ 川で 魚が 死んで います。

⑤ その子は 大きく なって、心も 体も 強く なりました。

かきましょう ＿＿に 漢字（かんじ）、または 漢字（かんじ）と ひらがなを 書（か）きなさい。

① もっと ＿＿＿（やさい）を ＿＿＿（たべましょう）。

② ＿＿＿（わたし）の ＿＿＿（だいすき）な ＿＿＿（ことり）が ＿＿＿（しにました）。

③ ＿＿＿（いしゃ）の 説（せつ）＿＿＿（めい）を ＿＿＿（きいて）、＿＿＿（あんしん）しました。

④ この ＿＿＿（くすり）は、ご＿＿＿（はん）を ＿＿＿（たべて）から、＿＿＿（のみます）。

⑤ ＿＿＿（きょう）の ＿＿＿（ゆうはん）は ＿＿＿（なに）が いいですか。

問題1　読みを ひらがなで 書きなさい。

① 風邪の 薬を もらいました。ご飯の 後に 飲みます。

② 医者は、「野菜が 足りないから、もっと 食べてください。」と 言いました。

③ 電話で 両親の 元気な 声を 聞いて 安心しましたが、顔も 見たいです。

④「運転手さん、そこは 出口です。入り口はもう少し先ですよ。」

⑤ その犬は 私の 大切な 友達でしたが、去年、病気で 死んで しまいました。

問題2　＿＿＿に 漢字、または 漢字と ひらがなを 書きなさい。

① ＿＿＿や ＿＿＿の ＿＿＿は とても ＿＿＿＿＿です。
　　 かぜ　　みず　　ちから　　　　　　つよい

② ＿＿＿ちゃんの ＿＿＿は ＿＿＿＿＿ ですが、＿＿＿は ＿＿＿＿＿ですね。
　　あか　　　　　からだ　ちいさい　　　　　あたま　おおきい

③ 最＿＿＿、＿＿＿や ＿＿＿が ＿＿＿＿＿ なりました。
　さい　きん　　　め　　みみ　　わるく

④ この ＿＿＿＿＿の ＿＿＿＿＿は ID カードを ＿＿＿に かけて (hang) います。
　　　　 かいしゃ　　しゃいん　　　　　　　　くび

⑤「＿＿＿＿＿が ＿＿＿＿＿ですね。」「いいえ、まだ ＿＿＿＿＿です。」
　　にほんご　　じょうず　　　　　　　　　へた

問題3　何画目に 書きますか。( )の 中に 数字を 書きなさい。　れい：川（３）

①
( )心

②
( )耳

③
( )医

📖 **ふりかえり** Review

➡️ 自分の体や健康について、説明ができる。　　　　　はい　・　いいえ
Explain your body and health conditions.

➡️ 13課で勉強した漢字を読んだり、書いたりできる。　はい　・　いいえ
Read and write *kanji* you learned in lesson 13.

14課 駅（えき） Station

この課で学ぶこと ▶ 駅（えき）で見（み）られる漢字（かんじ）について考（かんが）えましょう。

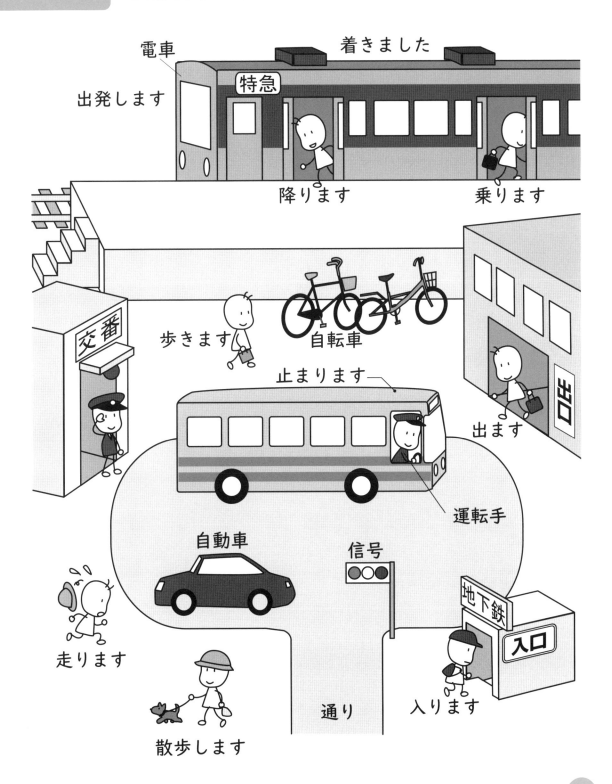

電車
着きました
特急
出発します
降ります
乗ります
交番
歩きます
自転車
止まります
出口
出ます
運転手
自動車
信号
地下鉄
入口
走ります
通り
入ります
散歩します

261 **乗**
9画 〔ノ〕
naik | စီးခြင်း၊ တက်ခြင်း | सवारी गर्नु | පදිනවා, නගිනවා

の-る
乗(の)る naik | စီးသည် | चढ्नु | නගිනවා
乗(の)り物(もの) kendaraan | စီးစရာ | यातायात यान | වාහනය
乗(の)り換(か)える ganti kendaraan | ပြောင်းစီးသည် | स्थानान्तरण | මාරුවෙනවා

262 **降**
10画 〔阝〕
turun | ဆင်းခြင်း | तल पुग्नु | බහිනවා

お-りる
降(お)りる turun | ဆင်းသည် | उत्रनु | බසිනවා

ふ-る
降(ふ)る turun | မိုးရွာသည်/နှင်းကျသည် | पर्नु | වැටෙනවා, වසිනවා, හිම වැටෙනවා

263 **歩**
8画 〔止〕
berjalan | လမ်းလျှောက်ခြင်း | हिड्नु | ඇවිදිනවා

ホ
散歩(さんぽ)する jalan-jalan | လမ်းလျှောက်သည် (ကျန်းမာရေး) | सैर गर्नु | ව්‍යායාමය සඳහා ඇවිදිනවා

ある-く
歩(ある)く berjalan | လမ်းလျှောက်သည် | हिड्नु | ඇවිදිනවා

264 **走**
7画 〔走〕
lari | ပြေးခြင်း | दौड्नु | දුවනවා

はし-る
走(はし)る berlari | ပြေးသည် | दौड्नु | දුවනවා

265 **止** **4画** 〔止〕 丨 ⺊ 䒑 止

berhenti | ရပ်တန့်ခြင်း | रोक्नु | නතර කරනවා

シ 中止（ちゅうし）する berhenti | ရပ်သည် | रोक्नु | නතර කරනවා

と-まる 止（と）まる berhenti | ရပ်သည် | रुक्नु | නවතිනවා (අකර්මක ක්‍රියා පදය)

と-める 止（と）める menghentikan | ရပ်နေသည် | रोक्नु, पार्क गर्नु | නවත්වනවා (සකර්මක ක්‍රියා පදය)

止	止	止												

よみましょう　読（よ）みを ひらがなで 書（か）きなさい。

① 地下鉄（てつ）に 乗り換（か）えましょう。

② 降りる 人は ボタンを 押します。

③ 雨が 降ったら、遠足は 中止します。

④ 走れば バスに 間に 合（あ）います。

⑤ ここに 車を 止めないで ください。

かきましょう　＿＿に 漢字（かんじ）、または 漢字（かんじ）と ひらがなを 書（か）きなさい。

① ＿＿＿（こんや）は ＿＿＿（あめ）が ＿＿＿（ふる）でしょう。

② ＿＿＿（まいあさ） ＿＿＿（さんじゅっぷん） ＿＿＿（あるきます）。

③ 危（あぶ）ないですから、＿＿＿（はしらないで） ください。

④ ＿＿＿（さき）に ＿＿＿（おりて） ください。

⑤ ＿＿＿（のる） ＿＿＿（まえ） に バス＿＿＿（だい）を 払（はら）います。

266 電 **13画** 〔電〕 一 厂 厂 币 币 币 雷 雷 雷 雷 雷 雷 電

listrik｜လျှပ်စစ်ဓာတ်အား｜बिजुली｜විදුලිය

デン

電車 kereta｜ရထား｜ट्रेन, रेल गाडी｜දුම්රිය
電話 telepon｜ဖုန်း｜टेलिफोन｜දුරකථනය

電気 listrik｜လျှပ်စစ်｜बिजुली｜විදුලිය, විදුලි බල්බය

電 電 電

267 自 **6画** 〔自〕 ´ ＾ ⼕ 白 白 自

sendiri｜ကိုယ်တိုင်၊ သဘာဝအတိုင်း｜आफू, स्वभाविक｜තමන්, ස්වභාවික

ジ

自転車 sepeda｜စက်ဘီး｜साइकल｜පාපැදිය
自由な bebas｜လွတ်လပ်သော｜स्वतन्त्र｜නිදහස්

自動車 mobil｜ကား｜ऑटोमोबाइल, कार｜මෝටර් රථය
自分で sendiri｜ကိုယ်တိုင်｜आफैले｜තමන් විසින්

自 自 自

268 転 **11画** 〔車〕 一 厂 厂 厅 亘 亘 車 車 転 転 転

putar｜လှည့်ခြင်း၊ လိမ့်ခြင်း｜घुमाउनु, घुम्नु｜හැරෙනවා, කරකවනවා

テン

運転する mengemudi｜ကားမောင်းသည်｜
चलाउनु｜පදවනවා, ක්‍රියාත්මක කරවනවා
自転車 sepeda｜စက်ဘီး｜साइकल｜පාපැදිය

運転手 supir｜ကားမောင်းသူ｜चालक｜රියදුරා

転 転 転

269 動 **11画** 〔力〕 一 二 三 千 千 旨 重 重 重 動 動

gerak｜ရွေ့ခြင်း｜चल्नु｜ගමන් කරනවා

ドウ

動物 binatang｜တိရိစ္ဆာန်｜पशु｜සත්වයා
自動車 mobil｜ကား｜ऑटोमोबाइल, कार｜මෝටර් රථය

運動 gerak, olah raga｜အားကစားလုပ်ခြင်း｜
गति, चालन, व्यायाम｜චලනය, ගමන්කිරීම, ව්‍යායාම

うご-く

動く bergerak｜လှုပ်ရှားသည်｜चल्नु｜චලනය කරනවා

動 動 動

270 **鉄** **13画**
〔金〕
besi | သံ | लोहा | යකඩ

テツ　地下鉄（ちかてつ） kereta bawah tanah | မြေအောက်ရထား | सबवे,अण्डरग्राउन्ड ट्रेन | උමං දුම්රිය මාර්ගය

鉄	鉄	鉄												

よみましょう　読み（よ）を ひらがなで 書き（か）なさい。

① 自転車で 学校へ 行きます。

② 会議（ぎ）が 中止に なったら 電話して ください。

③ 写真を とりますから、動かないで ください。

④ あの 男の子は 動物の 世話を するのが 好きです。

⑤ どこでも、自由（ゆう）に 座って ください。

かきましょう　＿＿に 漢字（かんじ）、または 漢字（かんじ）と ひらがなを 書き（か）なさい。

① ＿＿＿＿＿＿で ＿＿＿＿＿へ ＿＿＿＿＿＿＿＿。
　　ちかてつ　　　　かいしゃ　　　　いきます

② ＿＿＿＿＿の ＿＿＿が ＿＿＿＿＿＿＿＿＿＿＿。
　　でんしゃ　　　おと　　　　きこえます

③ ＿＿＿の ＿＿＿に ＿＿＿＿＿＿が たくさん ＿＿＿＿＿＿＿ あります。
　　えき　　　まえ　　　じてんしゃ　　　　　　　　　とめて

④ この ＿＿＿＿＿は ＿＿＿＿＿で 作り（つく）ました。
　　　　ようふく　　　じぶん

⑤ パソコンが ＿＿＿＿＿＿＿＿＿＿＿(doesn't work)。
　　　　　　　　うごきません

271 運

12画 〔辶〕
ノ 一 一 一 一 一 冒 冒 宣 軍 軍 運 運

kendali | သယ်ဆောင်ခြင်း။ ရွှေ့ခြင်း | बोक्नु, चलु | රැගෙන යනවා, ප්‍රවාහනය කරනවා

ウン
運転する mengemudi | ကားမောင်းသည်။ | चलाउनु | පදවනවා, ක්‍රියාත්මක කරවනවා

運転手 supir | ကားမောင်းခြင်း | चालक | රියදුරා

運動 gerak, olah raga | အားကစားလုပ်ခြင်း | गति, चालन, व्यायाम | චලනය, ගමන්කිරීම, ව්‍යායාම

はこ-ぶ
運ぶ mengangkut | သယ်ဆောင်သည်။ | ल्याउनु,बोक्नु | රැගෙන යනවා

運 運 運

272 通

10画 〔辶〕
マ マ マ 了 予 月 甬 甬 通 通

lewat | ဖြတ်သန်းခြင်း။ အသွားအပြန်လုပ်ခြင်း | चढ्नु, समावेश गर्नु | පසුකර යනවා, ගමනාගමනය

ツウ
交通 lalu-lintas | လမ်းပန်းဆက်သွယ်ရေး | यातायात | ගමනාගමනය

普通の umum | ပုံမှန် | साधारित, सामान्य | සාමාන්‍ය

とお-る
通る lewat | ဖြတ်သန်းသည်။ | गुजर्नु,पास गर्नु | පසුකරනවා

通り jalan | လမ်းမကြီး | बाटो | වීදිය, මාවත

かよ-う
通う pulang-pergi | အသွားအပြန်လုပ်သည်။ | जाने आउने | ගමන් කරනවා

通 通 通

273 入

2画 〔入〕
ノ 入

masuk | ဝင်ခြင်း။ ထည့်ခြင်း | भित्र जानु, समावेश गर्नु | ඇතුළ් වෙනවා, ඇතුළට දමනවා

ニュウ
入学する masuk sekolah | ကျောင်းဝင်သည်။ | भर्ना गर्नु | පාසැලට ඇතුළත් වෙනවා

入院する masuk rumah sakit, dirawat | ဆေးရုံတက်သည်။ | अस्पताल भर्ना | රෝහල් ගතවෙනවා

輸入する mengimpor | တင်သွင်းသည်။ | आयात गर्न | ආනයනය කරනවා

い-る
入り口 pintu masuk | ဝင်ပေါက် | प्रवेश | ඇතුළුවීමේ දොරටුව

い-れる
入れる memasukan | ထည့်သည်။ | मा हाल्नु | ඇතුළ් කරනවා

はい-る
入る masuk | ဝင်သည်။ | प्रवेश गर् | ඇතුළ් වෙනවා

入 入 入

274 出

5画 〔山〕
l 十 屮 出 出

keluar | အပြင်ထွက်ခြင်း။ ထုတ်ခြင်း | बाहिर जानु, बाहिर निस्कनु, बुझाउनु | පිටත්ව යනවා, පිටතට දමනවා

シュツ
出発する berangkat | ထွက်ခွာသည်။ | छोड्नु,बिदाइ गर्नु | පිටත්වෙනවා

輸出する mengekspor | တင်ပို့သည်။ | निर्यात गर्नु | අපනයනය කරනවා

で-る
出る keluar | အပြင်သွားသည်။/တက်ရောက်သည်။ ထွက်ခွာသည်။ | बाहिर जानु, हेर्नु | පිට වෙනවා, සහභාගී වෙනවා

出かける keluar rumah | အပြင်သွားသည်။/ ထွက်ခွာသည်။ | बाहिर जानु, हेर्नु | පිටත්වෙනවා (නිවසින්)

出口 pintu keluar | ထွက်ပေါက် | निकास | පිටවීමේ දොරටුව

だ-す
出す mengeluarkan | ထုတ်သည်။ | बाहिर राख्नु,बुझाउनु | පිට කරනවා

引き出し laci | အံဆွဲ | पैसा निकालिएको | ලාච්චුව, අපසුගැනීම් (මුදල්)

出 出 出

275 **着** 12画 〔目〕 丶 丷 䒑 䒑 ⺷ 𦍌 𦍌 𦍌 着 着 着 着

tiba, memakai | ဆိုက်ရောက်ခြင်း၊ ဝတ်ဆင်ခြင်း | पुग्नु | ළඟා වෙනවා, අඳිනවා (ඇඳුම්)

つ-く 着（つ）く tiba | ဆိုက်ရောက်သည် | पुग्नु | ළඟාවෙනවා

き-る 着（き）る memakai (baju) | ဝတ်ဆင်သည် | लगाउनु | ඇඳුම් අඳිනවා

着物（きもの） kimono | ဂျပန်ရိုးရာအကျႌ | किमोनो | කිමොනො　　上着（うわぎ） jas | အပေါ်အကျႌ | ज्याकेट, कोट | කබාය

着	着	着												

よみましょう 読（よ）みを ひらがなで 書（か）きなさい。

① 引っ越（こ）しの 荷（に）物を 自分で 運びます。

② 地下鉄で 高校へ 通います。

③ この 通りを 真っすぐ 行って ください。

④ 朝 九時に 東京を 出発します。

⑤ 北海道は 寒いですから、上着を 持って 行きます。

かきましょう ＿＿に 漢字（かんじ）、または 漢字（かんじ）と ひらがなを 書（か）きなさい。

① ＿＿＿＿（うんどう）は ＿＿＿（からだ）に いいです。

② お＿＿＿（かね）を ＿＿＿＿＿（いれて）、ボタンを ＿＿＿＿＿＿（おします）。

③ レポートは ＿＿＿＿（あした）までに ＿＿＿＿＿（だして） ください。

④ ＿＿＿（いま） ＿＿＿＿（かいしゃ）を ＿＿＿＿（でれば）、＿＿＿＿（よじ）に ＿＿＿（いえ）に ＿＿＿＿＿＿（つきます）。

⑤ ＿＿＿＿（にゅうがく）式（しき）(ceremony) に ＿＿＿＿（きもの）を ＿＿＿＿（きて） ＿＿＿＿＿＿（いきました）。

276 急 **9画** 〔心〕 ノ ク ク ㇗ 刍 刍 急 急 急

tiba-tiba | အရေးပေါ်၊ အလျင်လိုခြင်း | जरूरी , चाँडो | හදිසි, ඉක්මන් කරනවා

キュウ

特急 ekspres spesial | အထူးအမြန် | एक विशेष एक्सप्रेस | සීඝ්‍රගාමී දුම්රිය

急行 ekspres | အမြန်ရထား | एक्सप्रेस | සීඝ්‍රගාමී (දුම්රිය)

急に tiba-tiba | ရုတ်တရက် | अचानक | හදිසියේ

いそ-ぐ

急ぐ bergegas | အလျင်အမြန် | हतार गर्नु | ඉක්මන් කරනවා

---

277 番 **12画** 〔田〕 ノ ㇒ ㇓ 宀 � 平 平 釆 釆 番 番 番

nomor | နံပါတ်၊ စောင့်ကြည့်ခြင်း | संख्या, घडी | අංකය, පරීක්ෂා කරනවා

バン

番号 nomor | နံပါတ် | नम्बर | අංකය

交番 pos polisi | ရဲစခန်း | प्रहरी चौकी | පොලිස් මුරපොල

番組 acara TV | TV အစီအစဉ် | कार्यक्रम | රූපවාහිනී වැඩසටහන

〜番 nomor 〜 | အမှတ်စဉ် | नम्बर | අංක 〜

---

278 号 **5画** 〔口〕 丶 丨 ㇕ 口 马 号

tanda | နံပါတ်၊ လက္ခဏာ | नम्बर, संकेत | අංකය, සංඥාව

ゴウ

番号 nomor | နံပါတ် | नम्बर | අංකය

信号 lampu lalu-lintas | မီးပွိုင့် | संकेत | සංඥාව

---

279 台 **5画** 〔口〕 ㇒ ㄥ ㄙ 台 台

alas | စင်၊ အခြေခံ | मेज, आधार | උස් වූ පැතලි මතුපිටක් සහිත දෙයක්

ダイ

〜台 ~ unit (untuk mesin) | စီး (ကား၊စက်ပစ္စည်းတို့ကိုရေတွက်သောစကားလုံး) | सवारी साधन र मेसिनहरूको लागि काउन्ट | වාහන සහ මැෂින් ගණන් කරන ආකාරය

台所 dapur | မီးဖိုချောင် | रसोई | මුළුතැන්ගෙය

タイ

台風 topan | မုန်တိုင်း | तूफान,आँधी | සුළි කුණාටුව

---

280 回 **6画**〔口〕 一 冂 冂 冋 回 回
putar | လှည့်ပတ်ခြင်း၊ အကြိမ်ရေ | घुम्नु, समय | කැරකෙතවා, වාර ගණන

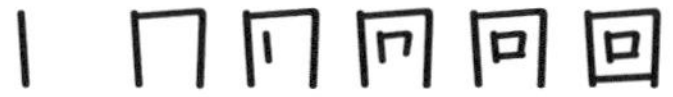

カイ ～回 ～kali | အကြိမ်ရေ | पटक | වාර ගණන
まわ-る 回る berputar | လှည့်ပတ်သည် | घुम्नु | කැරකෙතවා

回	回	回										

 **よみましょう** 読みを ひらがなで 書きなさい。

① この 駐車場は 車が 百台 止められます。

② 去年は 台風が 多かったです。

③ 部屋の 番号は 何番ですか。

④ 一週間に 二回 日本語の クラスが あります。

⑤ この 電車は 特急ですか、急行ですか。

✏️ **かきましょう** ___に 漢字、または 漢字と ひらがなを 書きなさい。

① _____ _____に 合います。
　　い そ げ ば　　　ま

② _____に _____が _____ きました。
　　きゅう　　あめ　　　　ふ っ て

③ _____は _____ですか。
　　で ん わ ば ん ご う　　　な ん ば ん

④ _____は この _____には _____。
　　と っ き ゅ う　　　え き　　　と ま り ま せ ん

⑤ _____に _____ ご_____を _____。
　　い ち に ち　　さ ん か い　　は ん　　た べ ま す

問題1 読(よ)みを ひらがなで 書(か)きなさい。

① 雨が 降って きましたから、急ぎましょう。

② 図書館の 電話番号は 何番ですか。

③ 自転車で 駅まで 行って、電車に 乗ります。そして、地下鉄に 乗り換(か)えます。

④ 入院しなくても いいのですが、一週間に 三回、病院へ 通います。

⑤ この 急行は 八時三分に 出て、東京に 九時九分に 着きます。

問題2 ＿＿に 漢字(かんじ)、または 漢字(かんじ)と ひらがなを 書(か)きなさい。

① ＿＿＿＿(たいふう)で ＿＿＿＿(でんしゃ)が ＿＿＿＿＿＿(とまって) います。いつ ＿＿＿＿(うごく)か わかりません。

② ＿＿＿＿＿＿(はしって)は いけません。＿＿＿＿＿＿(あるいて) ください。

③ ＿＿＿(め)が ＿＿＿＿＿＿(あかくて)、＿＿＿(みみ)が ＿＿＿＿＿(ながい) ＿＿＿＿＿＿(どうぶつ)は ＿＿＿(なん)でしょう。

④ この ＿＿＿＿(とおり)は ＿＿＿(くるま)が ＿＿＿＿(おおい)ですから、＿＿＿(き)をつけて ください。

⑤ ＿＿＿＿(ゆうがた)は ＿＿＿＿(さむく) なりますから、＿＿＿＿(うわぎ)を ＿＿＿＿＿＿(もって)

＿＿＿＿＿＿＿＿＿＿(でかけましょう)。

問題3 何画目(なんかくめ)に 書(か)きますか。(　)の 中(なか)に 数字(すうじ)を 書(か)きなさい。　れい：川(３)

① 号(　)

② 乗(　)

③ (　)回

15課 作文 Composition

この課で学ぶこと 作文を書くときに使う漢字について考えましょう。

習った漢字を使って、考えたことや思ったこと、知っていることなどを書いてみましょう。

①

先週

ファン・ヒョンウ

先週はサッカーの試合と日本語の試験がありました。日本語の試験はじゅ業でよく勉強しましたから、問題はやさしかったです。でも、サッカーの試合はまけました。とてもざんねんでしたが、また、がんばります。

②

料理

王 明

私は料理が大好きで、よく作ります。冷ぞうこの中の食品を利用します。今日、レストランで日本料理を食べました。今、その味を思い出して、作り方を考えています。とても楽しいです。

③

私のしゅ味

リサ・アンダソン

私のしゅ味は山にのぼることです。山は空気がきれいです。でも、天気がすぐ悪くなります。安全な山ののぼり方について説明します。きょう味があったら、いっしょに話しませんか。

文の始めは1マス空けます。

④ 100字以内で作文を書きましょう。

189

281 **作**

7画 ノ 亻 亻 仁 作 作 作
〔亻〕
buat | ပြုလုပ်ခြင်း | बनाउनु | සාදනවා

サク 作文（さくぶん） karangan | စာစီစာကုံး | निबंध | රචනාව

つく-る 作る（つくる） membuat | ပြုလုပ်သည် | बनाउनु | සාදනවා

作	作	作												

282 **使**

8画 ノ 亻 仁 仁 佰 佰 使 使
〔亻〕
pakai | အသုံးပြုခြင်း | प्रयोग गर्नु | භාවිතා කරනවා

シ 大使館（たいしかん） kedutaan | သံရုံး | दूतावास | තානාපති කාර්යාලය

つか-う 使う（つかう） memakai | အသုံးပြုသည် | प्रयोग गर्नु | භාවිතා කරනවා

使	使	使												

283 **考**

6画 一 十 土 耂 耂 考
〔耂〕
pikir | စဉ်းစားခြင်း | सोच्नु | කල්පනා කරනවා

かんが-える 考える（かんがえる） berpikir | စဉ်းစားသည် | सोच्नु | කල්පනා කරනවා

考	考	考												

284 **思**

9画 丨 冂 冂 冊 田 田 思 思 思
〔心〕
pikir | တွေးတောခြင်း | विचार गर्नु | සිතනවා

おも-う 思う（おもう） mengira | တွေးတောသည် | सोच्नु | සිතනවා

思い出す（おもいだす） teringat | သတိရသည် | याद गराउनु | මතක්කරනවා

思	思	思												

285 **知** 8画 〔矢〕 ノ 𠂉 ⺧ 午 矢 矢 知 知

tahu | သိခြင်း | जान्नु | දැන්තවා

チ 承知（しょうち）する setuju | ထောက်ခံသည် ၊သဘောတူသည် | सहमत हुनु | එකඟවෙනවා

し-る 知（し）る mengetahui | သိသည် | थाहा पाउनु | දැනගන්නවා　　知（し）らせる memberi tahu | အသိပေးသည် | जानकारी दिनु | දන්වනවා

知	知	知												

よみましょう　読（よ）みを ひらがなで 書（か）きなさい。

① 社長から みなさんに お知らせが あります。

② この 音楽を 聞くと、国の ことを 思い出します。

③ いくら 考えても 答えが わかりません。

④ 習った 言葉（ば）を 使って 文を 作って ください。

⑤ スミスさんは 作文が 上手です。

かきましょう　＿＿に 漢字（かんじ）、または 漢字（かんじ）と ひらがなを 書（か）きなさい。

① ＿＿（たいしかん）へ パスポートを ＿＿（とり）に ＿＿（いきます）。

② それは とても いい ＿＿（かんがえ）だと ＿＿（おもいます）。

③ ＿＿（とも）達（だち）が おいしい ご＿＿（はん）を ＿＿（つくりました）。

④ ＿＿（かお）は ＿＿（しって）いますが、＿＿（なまえ）は ＿＿（しりません）。

⑤ ＿＿（もの）を ＿＿（たいせつ）に ＿＿（つかいましょう）。

286 **業**

13画 〔木〕

kerja | အလုပ်၊ လုပ်ငန်း | काम गर्नु | වැඩ කාර්යය

ギョウ

授業（じゅぎょう） kuliah | အတန်း | कक्षा, पाठ | පාඩම්

卒業する（そつぎょう） lulus | ဘွဲ့ရသည် | स्नातक गर्नु | උපාධියක් ලබනවා

産業（さんぎょう） industri | စက်မှုလုပ်ငန်း | उद्योग | කර්මාන්ත

工業（こうぎょう） industri | စက်ရုံလုပ်ငန်း | उद्योग | කර්මාන්ත, නිෂ්පාදන කර්මාන්ත

業	業	業												

287 **題**

18画 〔頁〕

topik | ခေါင်းစဉ်၊ အကြောင်းအရာ | विषय, शीर्षक | මාතෘකාව

ダイ

問題（もんだい） masalah | မေးခွန်း/အခက်အခဲ/ပြဿနာ | समस्या | ගැටළුව, ප්‍රශ්නය

宿題（しゅくだい） pekerjaan rumah | အိမ်စာ | होमवर्क,गृहकार्य | ගෙදරවැඩ

題	題	題												

288 **試**

13画 〔言〕

coba | စမ်းခြင်း၊ စာမေးပွဲ | परीक्षा गर्नु, परीक्षण गर्नु | උත්සාහ කිරීම, පිරික්සීම

シ

試験（しけん） tes, ujian | စာမေးပွဲ | परीक्षा | විභාගය

試合（しあい） pertandingan | ပြိုင်ပွဲ | मैच, खेल | තරඟය

試	試	試												

289 **験**

18画 〔馬〕

tes | စာမေးပွဲ | परीक्षण गर्नु | පරීක්ෂණය

ケン

試験（しけん） tes, ujian | စာမေးပွဲ | परीक्षा | විභාගය

経験（けいけん） pengalaman | အတွေ့အကြုံ | परीक्षा | අත්දැකීම්

験	験	験												

290 **合** 6画 〔ロ〕 ノ 入 亼 今 合 合

cocok | သင့်တော်ခြင်း၊ ပေါင်းစပ်ခြင်း | मिलाउनु, समावेश गर्नु | සුදුසු, එකටඑක්කිරීම

ゴウ 都合（つごう） situasi dan kondisi | အခြေအနေ | सुविधा, परिस्थिति | තත්වය

あ-う 合（あ）う cocok | ကိုက်ညီသည် | मिल्नु | ගැළපෙනවා

間（ま）に合（あ）う terkejar | အချိန်မီသည် | समयमा हुनु | වේලාවට යමක් සිදුකිරීම/ප්‍රමාද නොවී

試合（しあい） pertandingan | ပြိုင်ပွဲ | मैच, खेल | තරඟය

場合（ばあい） saat, keadaan | အခြေအနေ/နေရာ | स्थिति, अवस्था | අවස්ථාව

具合（ぐあい） kondisi badan | အခြေအနေ | स्थिति, अवस्था | තත්වය

合	合	合												

よみましょう 読（よ）みを ひらがなで 書（か）きなさい。

① 大学を 卒業（そつ）して、会社に 入りました。

② 宿（しゅく）題が 終わったら、テレビを 見ます。

③ 試験を しますから、よく 復（ふく）習して ください。

④ 都合が 悪い 場合は、知らせて ください。

⑤ あなたの 町は どんな 産（さん）業が さかん (flourishing) ですか。

かきましょう ＿＿に 漢字（かんじ）、または 漢字（かんじ）と ひらがなを 書（か）きなさい。

① ＿＿＿＿（しあい）は ＿＿＿（あめ）で ＿＿＿＿（ちゅうし）に なりました。

② ＿＿＿＿＿＿（はしったら）、＿＿＿＿（でんしゃ）に ＿＿＿（ま）に ＿＿＿＿＿＿＿（あいました）。

③ ＿＿＿＿（こんげつ）は ＿＿＿＿（つごう）が ＿＿＿＿（わるい）ので、＿＿＿＿（らいげつ）に して ください。

④ ＿＿＿＿（しけん）の ＿＿＿＿（もんだい）は 易（やさ）しかったです。

⑤ この ＿＿＿（まち）は ＿＿＿＿（こうぎょう）が さかんです。

291 **料** 10画 〔斗〕 丶 丷 䒑 半 米 米 米 米 料 料

bahan | ကုန်ကြမ်းများ၊ အဖိုးအခ | सामग्री, शुल्क | ද්‍රව්‍ය, අයකිරීම

リョウ
料理（りょうり） masakan | ဟင်းလျာ | खाना पकाउने | ආහාර පිසීම
食料品（しょくりょうひん） makanan | အစားအစာ | खानेपिने चीजहरू | ආහාර ද්‍රව්‍ය

料	料	料												

292 **理** 11画 〔王〕 一 丅 干 王 王 玎 玑 玾 理 理 理

masakan | အကြောင်းပြချက်၊ နိယာမ | कारण, सिद्धान्त | හේතුව, මූලධර්මය

リ
料理（りょうり） masakan | ဟင်းလျာ | खाना पकाउने | ආහාර පිසීම
理由（りゆう） alasan | အကြောင်းပြချက် | कारण | හේතුව
地理（ちり） geografi | ပထဝီ | भूगोल | භූගෝලය

理	理	理												

293 **品** 9画 〔口〕 丨 冂 口 口 口 口 品 品 品

barang | ပစ္စည်း | वस्तु | භාණ්ඩ, ද්‍රව්‍ය

ヒン
食品（しょくひん） makanan | စားစရာ | खाद्य | ආහාර
食料品（しょくりょうひん） bahan makanan | အစာ၊စားစရာ | खानेपिने चीजहरू | ආහාර ද්‍රව්‍ය

しな
品物（しなもの） barang dagangan | ဆောင်းပါး/ပစ္စည်း | वस्तु | භාණ්ඩ, ද්‍රව්‍ය

品	品	品												

294 **味** 8画 〔口〕 丨 冂 口 口一 口二 咔 味 味

rasa | အရသာ၊ အဓိပ္ပါယ် | रस, अर्थ | රසය, අර්ථය

ミ
意味（いみ） arti | အဓိပ္ပါယ် | अर्थ | අර්ථය
趣味（しゅみ） kegemaran | ဝါသနာ | शौक ,हबी | විනෝදාංශය
興味（きょうみ） minat | စိတ်ဝင်စားမှု | चासो | කැමැත්ත

あじ
味（あじ） rasa | အရသာ | स्वाद | රස

味	味	味												

295 **用** **5画** 〔用〕 丿 冂 月 月 用

guna | အသုံးပြုခြင်း၊ အသုံးဝင်ခြင်း | प्रयोग ,काम | භාවිතා කරනවා, කාර්යය

ヨウ

用（よう）／用事（ようじ） keperluan | အလုပ် | काम, ब्यापार | කාර්යය

用意（ようい）する menyediakan | ကြိုတင်ပြင်ဆင်သည် | तयारी गर्नु | සූදානම් කරනවා

利用（りよう）する menggunakan | အသုံးပြုသည် | प्रयोग गर्नु | භාවිතා කරනවා

用	用	用												

よみましょう 読（よ）みを ひらがなで 書（か）きなさい。

① この 店は 便利ですから、よく 利用して います。

② 言葉（ば）の 意味を 辞（じ）書で 調（しら）べます。

③ 食料品は いつも どこで 買いますか。

④ 午前中は 用事が ありますから、午後 会いましょう。

⑤ この 牛乳（にゅう）は 変（へん）な 味が します。

かきましょう ＿＿に 漢字（かんじ）、または 漢字（かんじ）と ひらがなを 書（か）きなさい。

① ＿＿＿（りょうり）を ＿＿＿（ならった）ので、＿＿＿（まえ）より ＿＿＿（じょうず）に なりました。

② ＿＿＿（わたし）は この ＿＿＿（やさい）の ＿＿＿（あじ）が ＿＿＿（すき）です。

③ この ＿＿＿（みせ）は ＿＿＿（しなもの）が ＿＿＿（おおくて）、いいです。

④ ＿＿＿（りょこう）の ＿＿＿（ようい）を します。

⑤ 趣（しゅ）＿＿＿（み）は ＿＿＿（せかい）の ＿＿＿（にん）形（ぎょう）を ＿＿＿（あつめる） ことです。

296 **天**

4画 〔大〕 一 二 チ 天

langit, surga | ကောင်းကင်၊ နိဗ္ဗာန်ဘုံ | आकाश | අහස, දිව්‍යලෝකය

テン

天気(てんき) cuaca | ရာသီဥတု | मौसम | කාලගුණය

天気予報(てんきよほう) prakiraan cuaca | မိုးလေဝသ | मौसम पूर्वानुमान | කාලගුණ වාර්තාව

天	天	天												

297 **空**

8画 〔⺳〕 丶 丷 宀 宂 穴 空 空 空

langit | ကောင်းကင်၊ လေ | आकाश, हावा | අහස, වාතය

クウ

空港(くうこう) bandara | လေဆိပ် | विमानस्थल | ගුවන්තොටුපළ

空気(くうき) udara | လေ | हावा | වාතය

そら

空(そら) langit | ကောင်းကင် | आकाश | අහස

空	空	空												

298 **以**

5画 〔人〕 丨 レ 㠯 以 以

lebih | ထက် | भन्दा | වඩා

イ

以上(いじょう) lebih dari | ပို၍ | बढी भन्दा | වැඩි, ඉහත

以下(いか) kurang dari | လျော့၍ | कम भन्दा | අඩු, පහත

以内(いない) dalam | အတွင်း | भित्र | ඇතුළත

以外(いがい) di luar | မှလွဲ၍ | बाहिर | හැර

以	以	以												

299 **全**

6画 〔𠆢〕 ノ 𠆢 亼 仐 全 全

semua | တစ်ခုလုံး | सबै, पुरै | සම්පූර්ණ/සියළු

ゼン

安全な(あんぜんな) aman | လုံခြုံစိတ်ချရသော | सुरक्षित | ආරක්ෂිත

全部の(ぜんぶの) semuanya, total | အားလုံး | सबै, पुरै | සියළුම

全然(ぜんぜん)～ない sama sekali tidak～ | လုံး၀----ဘူး | कहिल्यै पनि छैन | කොහෙත්ම නැහැ, කවදාවත්

全	全	全												

300 **説** 14画〔言〕 ` ゛ ゜ ゛ ゜ 言 言 言 訂 訂 説 説 説 説

penjelasan | ရှင်းပြခြင်း | याख्या | විස්තර කරනවා

セツ

説明する せつめい menjelaskan | ရှင်းပြသည် | व्याख्या गर्नु | විස්තර කරනවා

小説 しょうせつ novel | ဝတ္ထု | उपन्यास | නවකතාව

説	説	説												

👄 **よみましょう** 読みを ひらがなで 書きなさい。

① 最近、天気が よく 変わります。

② 秋の 空は きれいで 気持ちが いいです。

③ 品物は 一週間 以内に お送りします。

④ 趣味は 小説を 書くことです。

⑤ 安全の ために、運転する ときは、シートベルトを して ください。

✏️ **かきましょう** ＿＿に 漢字、または 漢字と ひらがなを 書きなさい。

① ＿＿＿＿は ＿＿＿＿＿＿が いいと、＿＿＿＿＿＿に なります。
わたし　　てんき　　　　　　げんき

② 窓を ＿＿＿＿＿＿、＿＿＿の ＿＿＿＿＿を ＿＿＿＿＿＿＿＿＿＿＿。
まど　　　あけて　　　そと　　くうき　　　いれましょう

③ この ＿＿＿＿の ＿＿＿＿＿は ＿＿＿＿＿ ＿＿＿＿＿＿＿＿＿。
ひと　　しょうせつ　　　ぜんぶ　　よみました

④ ＿＿＿＿＿＿＿＿＿は ＿＿＿＿＿＿＿＿＿。
にちようび　いがい　　　　でかけます

⑤ この ＿＿＿＿＿＿で ＿＿＿＿＿＿＿(rent)が ＿＿＿＿＿＿＿＿ ＿＿＿＿＿＿の
ちかく　　　　へやだい　　　　　　ごまんえん　　いか

アパートは ないと ＿＿＿＿＿＿＿＿。
おもいます

15課 練習

問題1　読(よ)みを ひらがなで 書(か)きなさい。

① 用事が ありますから、大使館に 行きたいです。どこに あるか 知って いますか。

② 授(じゅ)業を 休みましたから、試験の 問題は 全然(ぜん) わかりませんでした。

③ 新しい 料理を 考えました。作り方を 説明します。

④ 大学を 卒(そつ)業したら、空港(こう)で 働きたいと 思っています。

⑤ 安全な 運転を するように しましょう。

問題2　＿＿に 漢字(かんじ)、または 漢字(かんじ)と ひらがなを 書(か)きなさい。

① ＿＿＿＿(てんき)が ＿＿＿＿＿＿(わるかった)ので、＿＿＿＿(しあい)は ＿＿＿＿(ちゅうし)に なりました。

② ＿＿＿＿＿(しょくりょうひん) ＿＿＿＿＿(うりば)は どこですか。

③ ＿＿＿＿(かんじ)の ＿＿＿＿(いみ)を 辞＿＿(しょ)で 調(しら)べます。

④ ＿＿(いえ)から ＿＿＿＿(かいしゃ)まで ＿＿＿＿(でんしゃ)で ＿＿＿＿＿(いちじかん) ＿＿＿＿(いじょう)かかります。

⑤ この ＿＿(みせ)では クレジットカードは ＿＿＿＿＿＿＿(つかえません)。

問題3　何画目(なんかくめ)に 書(か)きますか。(　)の 中(なか)に 数字(すうじ)を 書(か)きなさい。　れい：川(３)

① 考(　)

② 以(　)

③ (　)業

ふりかえり Review

勉強(べんきょう)した漢字(かんじ)を使(つか)って、自分(じぶん)の考(かんが)えたことやできごとを書(か)くことができる。　はい ・ いいえ
Write about your thoughts and events that happened using *kanji* you have learned.

15課(か)で勉強(べんきょう)した漢字(かんじ)を読(よ)んだり、書(か)いたりできる。　はい ・ いいえ
Read and write *kanji* you learned in lesson 15.

まとめ問題・3

問題 1 読(よ)みを ひらがなで 書(か)きなさい。

れい： この ペンは 百円でした。
ひゃくえん

1 この 荷(に)物は 重いですから、一人では 運べません。

2 地下鉄の 入り口は あそこです。

3 風の 力は すごいですね。台風で 木や 建物が 倒(たお)れて しまいました。

4 外国人は空港で在留(ざいりゅう)カード (Resident Card) をもらったら、市役所(やくしょ) (city hall) や区役所(やくしょ) (ward office)

へ行って、住んでいるところを届(とど)け出(で) (to notify) なければなりません。

5 母は となりの 町の 歯(は)医者に 通って います。

6 この 食堂は 野菜の 料理が 有名です。その 野菜は 全部 この 村で 作ります。

7 青森(あおもり)県は りんごが 有名です。秋田(あきた)県は 米が 有名です。

8 海の 近くに 自動車の 工場が あります。ここから 海外へ 輸(ゆ)出します。

9 来週の 試験は、となりの 広い 教室で 行います。

10 地図を 見て ください。ここが 駅で、大使館は ここです。

歩いて 十分くらいです。

11 田中さんの うちの 電話番号は 何番ですか。

12 世界中の 人が この 小説を 読んで います。

13 兄は 東京都 北区に 住んで います。

14 急ぎましょう。走れば、電車に 間に 合います。

15 この 病院の 駐車場は 車が 何台 止められますか。

問題2 ＿＿＿に漢字、または 漢字と ひらがなを 書きなさい。

れい： テーブルの 上 に 何 も ありません。
　　　　　　　　　うえ　　　なに

1 祖＿は ＿が ＿＿＿＿ですから、＿＿＿＿＿＿ で ＿＿＿＿＿＿＿＿＿。
　そ　ぼ　みみ　わ　る　い　　　　　　おおきい　こえ　　　は　な　し　ま　す

2 ＿＿＿が、＿＿＿を ＿＿＿＿＿＿＿＿＿＿。
　てんいん　　　しなもの　　　も　っ　て　き　ま　し　た

3 この ＿＿の ＿＿＿は ＿と ＿＿に あります。
　　　えき　　で　ぐ　ち　　き　た　みなみ

4 ＿＿＿、＿の ＿が ＿＿＿＿きれいでしたから、＿＿＿＿を とりました。
　ゆ　う　が　た　に　し　そ　ら　あ　か　く　て　　　　　　　　　しゃしん

5 ＿＿＿は ＿＿＿です。＿から ＿＿＿＿＿＿＿＿かかります。
　が　っ　こ　う　　と　お　い　　い　え　　に　じ　か　ん　い　じょう

6 この ＿＿を ご＿の ＿で ＿＿＿＿ ください。＿＿＿は ＿＿＿を
　　　くすり　　は　ん　あ　と　　の　ん　で　　　　　　　きょう　　　うんどう

しないで ください。

7 ＿から ＿＿＿に ＿＿＿＿＿。＿＿＿＿に ＿＿＿と
　いま　でんしゃ　　の　り　ま　す　　く　じ　は　ん　　つ　く

＿＿＿＿＿。
おもいます

8 ＿＿＿(いちねん)に＿＿＿(いっかい)、＿＿＿(かぞく)と＿＿＿(りょこう)します。

9 ＿＿(ちち)は＿＿(からだ)が＿＿＿＿(おおきくて)、＿＿(あし)も＿＿＿(ながい)です。

10 ここは危(あぶ)ないですから、＿＿＿＿(じてんしゃ)を＿＿＿＿(おりて)ください。

11 ＿＿(いもうと)は、＿＿＿(きょねん)、＿＿＿(だいがく)を卒(そつ)＿＿(ぎょう)して、＿＿＿(ぎんこう)で＿＿＿＿(はたらいて)います。

12 たくさんの＿＿(ひと)が、その＿＿(じ)震(しん)で＿＿＿＿＿(しにました)。

13 両(りょう)＿＿(しん)は＿＿(わたし)の＿＿(かお)を＿＿＿(みて)、＿＿＿(あんしん)しました。

14 この＿＿＿＿(もんだい)は難(むずか)しくて、いくら＿＿＿＿＿(かんがえても)わかりませんでした。

15 ＿＿(め)が疲(つか)れて、＿＿(あたま)や＿＿(くび)が痛(いた)いです。

問題3 何画目(なんかくめ)に書(か)きますか。(　)の中(なか)に数字(すうじ)を書(か)きなさい。 れい：何(　7　)

1 (　　)駅

2 市(　　)

3 国(　　)

4 (　　)出

5 (　　)医

6 (　　)建

問題4 □に どの 漢字が 入りますか。〔 〕から 一つ 選んで 書きなさい。

〔 大 屋 合 意 気 事 〕 れい： 日本
アメリカ ⟩ 人

1 用
仕 ＞□

2 天
電 ＞□

3 □＜ 見
味

4 花
部 ＞□

5 試
場 ＞□

問題5 （ ）に 漢字、または 漢字と ひらがなを 書きなさい。読みも 書きなさい。

れい： 下 ⇔ 上　　　来ます ⇔ 行きます
　　（ した ）（ うえ ）　（ きます ）（ いきます ）

1 低い ・ 安い ⇔ ＿＿＿＿
（　　　）（　　　）（　　　　　）

2 弱い ⇔ ＿＿＿＿
（　　　　　） （　　　　　）

3 短い ⇔ ＿＿＿＿
（　　　　　） （　　　　　）

4 少ない ⇔ ＿＿＿＿
（　　　　　） （　　　　　）

5 古い ⇔ ＿＿＿＿
（　　　　　） （　　　　　）

6 明るい ⇔ ＿＿＿＿
（　　　　　） （　　　　　）

7 小さい ⇔ ＿＿＿＿
（　　　　　） （　　　　　）

8 軽い ⇔ ＿＿＿＿
（　　　　　） （　　　　　）

9 便利な ⇔ ＿＿＿＿
（　　　　　） （　　　　　）

10 引きます ⇔ ＿＿＿＿
（　　　　　） （　　　　　）

11 座ります ⇔ ＿＿＿＿
（　　　　　） （　　　　　）

12 貸します ⇔ ＿＿＿＿
（　　　　　） （　　　　　）

13 乗ります ⇔ ＿＿＿＿

(　　　　) (　　　　)

14 いい ⇔ ＿＿＿＿

(　　　　)

15 閉めます ⇔ ＿＿＿＿

(　　　　) (　　　　)

16 入ります ⇔ ＿＿＿＿

(　　　　) (　　　　)

問題6 部首(ぶしゅ)の 名前(なまえ)を □から 一つ(ひと) 選(えら)んで 書(か)きなさい。

れい：姉（ おんなへん ）

1 国（　　　　）　2 買（　　　　）　3 持（　　　　）

4 秋（　　　　）　5 体（　　　　）　6 後（　　　　）

7 家（　　　　）　8 間（　　　　）　9 週（　　　　）

10 洋（　　　　）　12 語（　　　　）　13 茶（　　　　）

14 病（　　　　）　15 飲（　　　　）　16 都（　　　　）

~~おんなへん~~	にんべん	ごんべん	きへん	てへん	ぎょうにんべん	
さんずい	のぎへん	しょくへん	くにがまえ	もんがまえ	おおざと	かい
しんにょう	やまいだれ	まだれ	うかんむり	あめかんむり	くさかんむり	

問題7 音声(おんせい)を 聞(き)いて、例(れい)のように、ひらがなで 書(か)きましょう。
それから、漢字(かんじ)で 書(か)きましょう。

れい：けさ、テレビで ニュースを みました。
（今朝）　（見ました）

1 ＿＿＿＿ました。こちらが＿＿＿＿　＿＿＿＿です。
（　　）越し　（　　）　（　　）

2 ＿＿＿＿に　＿＿＿＿、すぐに　＿＿＿＿。
（　　）（　　）　（　　）

3 ＿＿＿＿は　＿＿＿＿がありますから、＿＿＿＿の＿＿＿＿に
（　　）（　　）　（　　）（　　）

＿＿＿＿。
（　　）

4 よく＿＿＿＿でした。もう＿＿＿＿　＿＿＿＿して ください。
（　　）　（　　）（　　）

5 ＿＿＿＿に＿＿＿＿ときは、＿＿＿＿に＿＿＿＿しましょう。
（　　）（　　）　（　　）（　　）

問題8 どちらが 正しいですか。

れい：スミスさんは 日本人ですか。　　　1.（にほんじん）　2. にほんひと

　　　　コーヒーを のみました。　　　　　1. 飯みました　　2.（飲みました）

1 あの えいがは 最高です。　　　　　　1. さいご　　　　2. さいこう

2 あしたは 運動会です。　　　　　　　　1. うんどうかい　2. うんどんかい

3 これは 利用者カードです。　　　　　　1. りようしゃ　　2. しようしゃ

4 電子レンジが ほしいです。　　　　　　1. でんし　　　　2. でんき

5 パーティーの 会場は あそこです。　　　1. かいじょ　　　2. かいじょう

6 にほんの しゅとは どこですか　　　　1. 首都　　　　　2. 京都

7 えいぎょうの しごとを しています。　　1. 卒業　　　　　2. 営業

8 だいがくに しんがくします。　　　　　1. 入学　　　　　2. 進学

9 グループを くんでください。　　　　　1. 組んで　　　　2. 運んで

10 バスで つうがくします。　　　　　　　1. 通学　　　　　2. 留学

付録

初級で 学習する 漢字の 中級での 読み方

■初級レベルの漢字・1

飲 イン 飲食
いんしょく
makanan dan minuman | စားသောက်ခြင်း |
खाने र पिउने | කෑම සහ බීම

右 ユウ 左右
さゆう
kiri dan kanan | ဘယ်ညာ | दायाँ बायाँ |
දකුණ සහ වම

ウ 右折する
うせつ
belok kanan | ညာအကွေ့ကွေ့သည် |
दाँया मोड ,दायाँ फर्काउनु | දකුණට හැරෙනවා

雨 ウ 梅雨前線
ばいうぜんせん
musim hujan | မိုးရာသီရှေ့ပြေးမှုံ |
वर्षाको मौसम अगाडि | තැගෙනහිර ආසියානු
කලාපයේ වර්ෂා කාලය

あま 雨戸
あまど
pintu luar | မိုးကာတံခါး | शटर,शटरहरू | ජනේල්

つゆ 梅雨
つゆ
musim hujan | မိုးရာသီ | वर्षाको मौसम |
වර්ෂා කාලය

下 ゲ 上下
じょうげ
naik-turun, atas-bawah | အထက်အောက် |
माथि र तल, माथिल्लो र तल्लो पक्ष, उच्च र तल्लो |
උඩ සහ යට, ඉහළ සහ පහළ

下宿する
げしゅく
kos | တည်းခိုသည် | बासु ,लज गर्न |
තවාතැන් ගන්නවා

しも 下半期
しもはんき
paruh tahun kedua | ဒုတိယနှစ်ဝက် |
वर्षको दोस्रो आधा |
අවුරුද්දේ අවසන් මාස හය

お-りる 下りる
お
turun | ဆောက်ကျသည် | तल जानु | බසිනවා

お-ろす 下ろす
お
menurunkan | ဆောက်ချသည် |
तल गर्नु, कम गर्न | පහත් කරනවා

さ-がる 下がる
さ
turun | ကျသည် | झन्डयाउनु |
පහත යනවා (අකර්මක ක්‍රියාපදය)

さ-げる 下げる
さ
menurunkan | ချသည် |
तल गर्नु, तल्लो देखि तल, झन्डयाउन |
පහත දමනවා (සකර්මක ක්‍රියාපදය)

くだ-さる 下さる
くだ
memberi | ပေးသည် | दिनु ,दिनको लागि |
දෙනවා

くだ-る 下る
くだ
turun | ဆင်းသည်, ၇င်ဆင်းသည် |
तल जानु | බසිනවා

外 ゲ 外科
げか
bagian luar | ခွဲစိတ်ဌာန |
शल्यचिकित्सा शल्यक्रिया | සැත්කම

はず-れる 外れる
はず
melenceng | ပြုတ်သည်, ကျွတ်သည် |
बाहिर आउनु | ඇත්වෙනවා

はず-す 外す
はず
melepas | ဖြုတ်သည်, ချွတ်သည် | उतार्न ,हटाउनु |
ගලවනවා

学 まな-ぶ 学ぶ
まな
belajar | သင်ယူသည် | सिक्नु | ඉගෙනගන්නවා

間 ケン 人間
にんげん
manusia | လူသား | मानव | මිනිසා

気 ケ 気配
けはい
pertanda | နမိတ်၊ ဟန်ပန်အမူအရာ |
संकेत | සලකුණ

休 キュウ 休日
きゅうじつ
hari libur | အားလပ်ရက် | छुट्टी , बिदा |
නිවාඩු දිනය

魚 ギョ 金魚
きんぎょ
ikan mas | ရွှေငါး | सुन माछा , गोल्डफिस |
රන් මාළුවා

うお 魚市場
うおいちば
pasar ikan | ငါးဈေး | माछा बजार |
මාළු වෙළඳසැල

空 から 空の
から
kosong | ဗလာ(ဖြစ်သော) | खाली | හිස්

あ-く 空く
あ
kosong | လွတ်သည် | खाली हुन | හිස්

あ-き 空き
あ
ruang | အလွတ် | खाली कोठा | ඉඩකඩ සහිත

あ-ける 空ける
あ
mengosongkan | ကုန်စေသည် | खाली गर्नु |
හිස් කරනවා

言 ゲン 言語
げんご
bahasa | ဘာသာစကား | भाषा | භාෂාව

ゴン 伝言
でんごん
pesan | မက်ဆေ့ချ်နား | सन्देश | පණිවිඩය

古 コ 中古の
ちゅうこ
bekas | အသုံးပြုထား:(သော) |
पुरानो , प्रयोग गरिएको, दोस्रो हात |
භාවිතා කරන ලද

後	コウ	こうはん **後半** paruh kedua ǀ ဒုတိယအပိုင်း ǀ दोस्रो हाफ, उत्तरार्ध , अन्त ǀ දෙවන භාගය
	のち	のち **後** setelah ǀ နောက်၊ နောင် ǀ पछि ǀ පසු
語	かた-る	ものがたり **物語** ceritera ǀ ပုံပြင် ǀ कथा ǀ කතන්දරය
行	ギョウ	ぎょうじ **行事** perayaan ǀ ပွဲတော် ǀ घटना ǀ උත්සවය
	ゆ-く	ゆ **行く** pergi ǀ သွားသည် ǀ जानु ǀ යනවා
左	サ	させつ **左折する** belok kiri ǀ ဘယ်ဘက်ကွေ့သည် ǀ बाँया फर्काउनु,बायाँ घुम्नु ǀ වමට හැරෙනවා
山	サン	ふじさん **富士山** gunung Fuji ǀ ဖူဂျီတောင် ǀ माउन्ट फुजी, फुजी पहाड ǀ ඓුජි කන්ද
三	み	みかづき **三日月** bulan sabit ǀ သုံးရက်လ ǀ एक अर्धचन्द्राकार चन्द्रमा ǀ අඩ සඳ
子	ス	ようす **様子** keadaan ǀ အခြေအနေ ǀ अवस्था ǀ තත්ත්වය
小	お	おがわ **小川** sungai kecil ǀ မြစ်ချောင်း ǀ खोला ǀ කුඩා දිය පහර
少	ショウ	しょうねん **少年** jejaka ǀ ကောင်လေး ǀ एक केटा, छोरा ǀ තරුණයා
		しょうじょ **少女** gadis ǀ ကောင်မလေး ǀ एक केटी,छोरी ǀ තරුණිය
		しょうしょう **少々** sedikit ǀ အနည်းငယ် ǀ केहि / थोरै ǀ පොඩි ප්‍රමාණයක්
上	かみ	かみはんき **上半期** paruh tahun pertama ǀ ပထမနှစ်ဝက် ǀ वर्षको पहिलो भाग (आधा) ǀ අවුරුද්දේ පළමු මාස හය
	あ-がる	あ **上がる** naik ǀ တက်သည် ǀ माथि जानु ǀ ඉහළ යනවා (අකර්මක ක්‍රියාපදය)
	あ-げる	あ **上げる** menaikan ǀ မြှင့်သည် ǀ उच्च गर्नु , उठाउनु ǀ ඉහළ දමනවා (සකර්මක ක්‍රියාපදය)
	のぼ-る	のぼ **上る** naik ǀ တက်သည် ǀ माथि जानु , उच्च हुनु ǀ උඩට යනවා / ඉහළ නගිනවා

新	あら-た	あら **新たな** baru ǀ အသစ်ဖြစ်သော ǀ नयाँ ǀ අලුත්
	い-ける	い ばな **生け花** seni merangkai bunga ǀ ဂျပန်ပန်းအလှဆင်ခြင်းအနုပညာ ǀ इकेबाना फूल व्यवस्थाको जापानी कला ǀ ජපානයේ මල් සැකසීමේ කලාව
生	なま	なま **生の** mentah ǀ အစိမ်း(ဖြစ်သော) ǀ कच्चो ǀ අමු
	は-える	は **生える** tumbuh ǀ ပေါက်သည် ǀ बढ्नु , बढ्दैछ ǀ වවතවා
西	サイ	かんさい **関西** daerah Kansai ǀ ခန်းဆိုင်(ဒေသ) ǀ कन्साई कन्साई (क्षेत्र) ǀ කන්සයි (ජපානයේ ප්‍රදේශයක්) とうざいなんぼく **東西南北** timur, barat, selatan, utara ǀ အရှေ့,အနောက်တောင်မြောက် ǀ उत्तर, दक्षिण, पूर्व र पश्चिम ǀ උතුර, දකුණ, නැගෙනහිර සහ බටහිර
足	ソク	ふそく **不足** tidak cukup ǀ မလုံလောက်ခြင်း ǀ कमी, अपर्याप्तता, अभाव ǀ හිඟය
多	タ	たすう **多数の** banyak ǀ အများစု ǀ धेरै ǀ බොහෝ
大	おお	おおあめ **大雨** hujan lebat ǀ မိုးသည်းထန်စွာရွာခြင်း ǀ भारी वर्षा ǀ ධාරානිපාත වර්ෂාව
男	ナン	ちょうなん **長男** anak laki-laki sulung ǀ သားအကြီးဆုံး ǀ जेठो छोरा ǀ වැඩිමහල් පුතා
土	ト	とち **土地** tanah ǀ မြေ ǀ जग्गा , भूमि ǀ හූමිය
	つち	つち **土** tanah ǀ မြေသား ǀ पृथ्वी ǀ පොළව
読	ドク	どくしょ **読書** bacaan ǀ စာဖတ်ခြင်း ǀ पढाइ ǀ කියවීම (පොත පත)
	トウ	くとうてん **句読点** tanda baca ǀ ပုဒ်ဖြတ် ǀ विराम चिन्ह ǀ විරාම ලක්ෂණ
日	ジツ	へいじつ **平日** hari kerja ǀ (နေ့လယ်မှယောင္တာ)ကြားရက် ǀ हप्ताका दिनहरू ǀ සතියේ දිනයක්

買 バイ
売買（ばいばい）
jual beli | ရောင်းဝယ်ခြင်း |
खरिद र बिक्री ,किनमेल |
මිලදී ගැනීම සහ විකිණීම

白 しら
白髪（しらが）
uban | ဆံပင်ဖြူ |
सेतो बाल, सेतो कपाल, खैरो कपाल |
සුදු කෙස්, පැසුනු කෙස්

半 なか-ば
半ば（なかば）
separuh | အလယ် | आधा, मध्य | භාගය, මැද

分 ブ
分（ぶ）
persen | အချိုးအစား | प्रतिशत | ප්‍රතිශතය

わ-かれる
分かれる（わかれる）
berpisah | ကွဲသည် | भाग गर्न |
බෙදෙනවා (අකර්මක ක්‍රියාපදය)

わ-ける
分ける（わける）
memilah | ခွဲသည် | बाँट्नु , विभाजन |
බෙදනවා (සකර්මක ක්‍රියාපදය)

本 もと
山本（やまもと）
Yamamoto (nama) | ယာမမိုတို (မိသားစုအမည်) |
यामामोटो (पारिवारिक नाम) |
යමමොතො (වාසගමක්)

木 ボク
土木（どぼく）
teknik sipil | မြို့ပြဆောက်လုပ်ရေး |
सिभिल इन्जनियरिङ | සිවිල් ඉංජිනේරු

○○
木綿（もめん）
katun | ချည် | कपास | කපු

万 バン
万歳（ばんざい）
bebas | ချီးမြှောက်ခြင်း |
बन्जाई, हर्षभयान्ती ,जय होस् |
උතත්දු කරනවා

名 ミョウ
名字（みょうじ）
nama keluarga | မိသားစုအမည် |
उपनाम, पारिवारिक नाम | වාසගම

目 モク
目的（もくてき）
tujuan | ရည်ရွယ်ချက် | उद्देश्य | පරමාර්ථය

友 ユウ
友人（ゆうじん）
teman | သူငယ်ချင်း | साथी | යහළුවා

立 リツ
国立の（こくりつの）
...nasonal | နိုင်ငံပိုင် (ဖြစ်သော) |
राष्ट्रिय | ජාතික

初級（しょきゅう）レベルの漢字・2

悪 アク
悪意（あくい）
niat jahat | မကောင်းသောစိတ် | दुर्भावना, कुकर्म |
ද්වේශය / දුෂ්ට චේතනාව

暗 アン
暗記する（あんきする）
menghapal | အလွတ်ကျက်သည် |
सम्झना ,हेरर, सुनेर सिक्नु | කටපාඩම් කරනවා

引 イン
引力（いんりょく）
daya tarik, gravitasi | ဆွဲအား |
गुरुत्वाकर्षण | ගුරුත්වාකර්ෂණය

映 うつ-る
映る（うつる）
tertayangkan | ပုံရိပ်ထင်သည် |
प्रतिबिम्बित हुनु |
පරාවර්තනය වෙනවා / විහිදෙනවා

うつ-す
映す（うつす）
menayangkan | ရုပ်ရှင်ပြသည်၊ ဆလိုက်ထိုးသည် |
प्रतिबिम्ब गर्नु |
පරාවර්තනය කරනවා / විහිදුවනවා

家 ケ
天皇家（てんのうけ）
keluarga kaisar | တော်ဝင်မိသားစု | शाही परिवार |
රජ පවුල

や
大家（おおや）
pemilik kos | အိမ်ပိုင်ရှင် | घरधनी |
කුලී නිවසේ අයිතිකරු

歌 カ
歌手（かしゅ）
penyanyi | အဆိုတော် | गायक |
ගායකයා / ගායිකාව

回 まわ-す
回す（まわす）
memutar | လှည့်သည် | घुमाउनु | කරකවනවා

開 カイ
開会する（かいかいする）
membuka | ဖွင့်လှစ်သည် | बैठक (सभा)शुरु गर्नु |
ආරම්භ කරනවා (රැස්වීමක්)

楽 ラク
楽な（らくな）
praktis | သက်သာသော |
सजिलो,सुखद, आसान | පහසු

寒 カン
寒帯（かんたい）
zonadingin | အအေးပိုင်းဇုံ | शीतदेश(फ्रिज्डजोन) |
ශීත කලාපය

起 キ
起床（きしょう）
bangun tidur | အိပ်ရာထခြင်း | उठ्नु |
අවදි වෙනවා

お-こる
起こる（おこる）
terjadi | ဖြစ်ပွားသည် | घटना हुनु | සිද්ධ වෙනවා

帰 キ
帰宅する（きたく）
pulang | အိမ်ပြန်သည် | घर जानु | ආපසු නිවසට පැමිණෙනවා

かえ-す
帰す（かえ）
memulangkan | ပြန်ပေးသည် | फर्काउनु | ආපසු යන්න සලස්වනවා / ඉඩදෙනවා

牛 うし
牛（うし）
sapi | နွား | गाई | ගවයා

去 コ
過去（かこ）
lampau | အတိတ် | अतीत | අතීතය

さ-る
去る（さ）
berlalu | ထွက်သွားသည် | छोड, बाहिर जानु, गएको | හැර යනවා, අවසන්වනවා

京 ケイ
京浜（けいひん）
Tokyo dan Yokohama | တိုကျိုနှင့်ယိုကိုဟားမား | केइहिन, टोकियो र योकोहामा | කෙයිහින් (තෝක්යෝ සිට යොකොහම දක්වා ප්‍රදේශයක්)

強 ゴウ
強盗（ごうとう）
perampok | ဓားပြတိုက်ခြင်း | डकैत | සොරා

教 おそ-わる
教わる（おそ）
belajar | သင်ယူသည် | सिकाउनु, पढाउनु | ඉගෙනගන්නවා, යම් කෙනෙකු ලවා යමක් ඉගෙන ගන්නවා

計 はか-る
計る（はか）
mengukur | တိုင်းတာသည် | माप गर्नु | මනිනවා

建 ケン
建設（けんせつ）
pembangunan | ဆောက်လုပ်ရေး | निर्माण | ඉදිකිරීම

た-つ
建つ（た）
membangun | တည်ဆောက်ထားသည် | बनिएको हुनु, खडा | ගොඩනගනවා

元 ガン
元日（がんじつ）
awal tahun baru | နှစ်သစ်ကူးရက် | नयाँ वर्षको पहिलो दिन | අලුත් අවුරුදු දිනය

もと
元栓（もとせん）
keran | အဓိကဘုံဘိုင်ခေါင်း | मुख्य नल | ප්‍රධාන කරාමය (ජල ගෑස් සැපයුම් පද්ධතියක)

工 ク
工夫（くふう）
pekerja, usaha | တီထွင်ခြင်း၊ ကြံဆခြင်း | यन्त्र, उपाय | උපක්‍රමය

広 コウ
広告（こうこく）
iklan | ကြော်ငြာ | विज्ञापन | වෙළඳ දැන්වීම

好 この-む
好む（この）
menyukai | နှစ်သက်သည် | मन पराउनु, प्रिय | ප්‍රිය කරනවා

考 コウ
参考（さんこう）
referensi | အကိုးအကား | संदर्भ(रिफरेन्स) | යොමුව

黒 コク
黒板（こくばん）
papan tulis | ကျောက်သင်ပုန်း | ब्ल्याकबोर्ड,कालोबोर्ड | කළුලෑල්ල

作 サ
作業（さぎょう）
beroprasi | အလုပ် | काम, क्रिया | වැඩ, ක්‍රියාවලිය

市 いち
市場（いちば）
pasar | ဈေး | बजार | වෙළඳපොළ

死 シ
死亡する（しぼう）
mati | သေဆုံးသည် | मृत्यु हुनु, मर्नु | මැරෙනවා

私 シ
私立の（しりつ）
swasta | ပုဂ္ဂလိကပိုင် (ဖြစ်သော) | निजी, ब्यक्तिगत | පෞද්ගලික

始 シ
開始する（かいし）
memulai | စတင်သည် | शुरु गर्नु | ආරම්භ කරනවා

姉 シ
姉妹（しまい）
sodara perempuan | ညီအမ | बहिनीहरू | සහෝදරියෝ

思 シ
思想（しそう）
pemikiran | အတွေးအခေါ် | विचार | සිතිවිලි

紙 シ
コピー用紙（ようし）
kertas copy | မိတ္တူစာရွက် | कपी पेपर, प्रतिलिपि कागज | ඡායාපිටපත් කිරීම සඳහා යොදා ගන්නා කඩදාසි

試 ため-す
試す（ため）
mencoba | စမ်းသပ်သည် | परीक्षण गर्नुप्रयास गर्नु | උත්සාහ කරනවා, පිරික්සනවා

自 シ
自然（しぜん）
alami | သဘာဝ | प्रकृति, प्राकृतिक | ස්වභාව ධර්මය

みずか-ら
自ら（みずか）
dengan sendirinya | မိမိကိုယ်တိုင် | आफ्नो | තමන්

持

ジ 持参する（じさん）
membawa | ယူဆောင်လာသည် | साथमा ल्याउनु |
රැගෙන එනවා

写

うつ-る 写る（うつ）
muncul | ပုံရိပ်ပေါ်သည် | फोटो खिच्नु, |
පෙනීසිටිනවා

者

もの 者（もの）
orang | လူ၊ ပုဂ္ဂိုလ် | व्यक्ति | පුද්ගලයා

借

シャク 借金（しゃっきん）
utang | အကြွေး | ऋण, कर्जा | ණය

弱

ジャク 弱点（じゃくてん）
kelemahan | အားနည်းချက် | कमजोरी |
දුර්වලතාවය

主

おも 主な（おも）
sebagian besar | အဓိကကျသော | मुख्य | ප්‍රධාන

首

シュ 首相（しゅしょう）
perdana menteri | ဝန်ကြီးချုပ် | प्रधानमन्त्री |
අගමැති

終

シュウ 終了する（しゅうりょう）
berakhir | ဒိတ်ကျော်လွန်သည်၊ ပြီးဆုံးသည် |
समाप्त हुनु |
කල් ඉකුත්වනවා, අවසන් කරනවා

お-える 終える（お）
mengakhiri | အဆုံးသတ်သည် | समाप्त गर्नु |
අවසන් කරනවා

集

シュウ 集合する（しゅうごう）
berkumpul | စုစည်းသည် |
समूहमा आउनु, जम्मा गर्नु | ඒකරාශී වෙනවා

住

す-まう 住まい（す）
tempat tinggal | နေစရာ၊ အိမ် |
घर,निवास | පදිංචිය

重

ジュウ 重力（じゅうりょく）
beratnya | ဆွဲအား | गुरुत्वाकर्षण | යමක් චලනය
කිරීම සඳහා යොදාගන්නා බලය

チョウ 貴重な（きちょう）
berharga | အဖိုးတန်သော | मूल्यवान | වටිනා

かさ-なる 重なる（かさ）
menumpuk | ထပ်ဆင့်တည်ရှိသည် |
ओभरल्याप हुनु | ගොඩගැසෙනවා

かさ-ねる 重ねる（かさ）
menumpukkan | ထပ်သည် | ओभरल्याप गर्नु |
ගොඩගසනවා

暑

ショ 暑中見舞い（しょちゅうみまい）
salam musim panas | နွေရာသီနှုတ်ခွန်းဆက်ခြင်း |
गर्मीको शुभकामना,ग्रीष्मकालीन अभिवादन |
ගිම්හානයේ / ග්‍රීෂ්ම සමයේ සුබපැතුම්

乗

ジョウ 乗車する（じょうしゃ）
naik bis atau kereta | ကား၊ ရထားစီးသည် |
सवारी गर्नु | දුම්රියට / බසයට නැගීම

の-せる 乗せる（の）
menaikkan, memuat | တင်သည် | सवारी गराउनु |
යමකට නැගීමට උපකාර කරනවා

色

ショク ～色（しょく）
warna～ | အရောင် | रंगहरू | ～වර්ණ

シキ 景色（けしき）
pemandangan | ရှုခင်း | दृश्य | දර්ශනය

森

シン 森林（しんりん）
hutan | သစ်တော | जंगल | වනය

親

おや 親（おや）
kedua orang tua | မိဘ | माता-पिता, अभिभावक |
මව / පියා

した-しい 親しい（した）
akrab, ramah | ခင်မင်သော |
परिचित, मित्रपूर्ण, नजिक |
හිතවත්, කුළුපග , සමීප

世

セイ 世紀（せいき）
abad | ရာစုနှစ် | शताब्दी | සියවස

よ 世の中（よのなか）
kehidupan | လူ့လောက | सारा संसार | ලෝකය

正

セイ 正方形（せいほうけい）
bentuk persegi | စတုရန်း | वर्ग | සමචතුරස්‍රය

青

セイ 青年（せいねん）
remaja | လူငယ် | युवा | යෞවන

○○ 真っ青な（まっさお）
pucat | ပြာနှမ်းသော | गहिरो नीलो | තද නිල්

赤

セキ 赤道（せきどう）
khatulistiwa | အီကွေတာ | भू-रेखा | සමකය

○○ 真っ赤な（まっか）
merah menyala | နီရဲသော | चमकीलो रातो |
දීප්තිමත් රතු පැහැය

早	ソウ	そうちょう 早朝

早 ソウ
そうちょう
早朝
pagi sekali | မနက်စောစော | बिहान सबेरै | හිමිදිරි උදෑසන

サッ
さっそく
早速
langsung, secepatnya | ချက်ချင်း | तत्पश्चात्, क्षणमा | කඩිනමින්

村 ソン
し ちょうそん
市町村
kota madya | ဒေသန္တရအစိုးရ | नगरपालिका र गाउँपालिका | නගර සභාව

体 タイ
たいじゅう
体重
berat badan | ကိုယ်အလေးချိန် | शरीरकोतौल | ශරීර බර

短 タン
たん き
短期
jangka pendek | ကာလတို | छोटो समय | කෙටි කාලයක්

池 チ
でん ち
電池
batrey | ဓာတ်ခဲ | ब्याट्री | බැටරිය / විදුලි කෝෂය

着 チャク
とうちゃく
到着する
tiba | ဆိုက်ရောက်သည် | पुग्नु | ළඟා වෙනවා

つ-ける
着ける
memakai baju | ဝတ်ဆင်သည် | पोशाक लगाउनु | ඇඳුමක් අඳිනවා

き-せる
着せる
memakaikan baju | ဝတ်ပေးသည် | पोशाकलगाउनु | ඇඳුමක් අන්දවනවා

注 そそ-ぐ
そそ
注ぐ
menuangkan | လောင်းချသည် | खन्याउनु, ढलाउनु | වක්කරනවා (යම් දියරයක්)

昼 チュウ
ちゅうしょく
昼食
makan siang | နေ့လည်စာ | दिउँसो खाना | දිවා ආහාරය

鳥 チョウ
はくちょう
白鳥
angsa | ငန်း | हंस | හංසයා

朝 チョウ
ちょうしょく
朝食
makan pagi | မနက်စာ | बिहानको खाना | උදෑසන ආහාරය

通 とお-す
とお
通す
melewati, melampoi | ဖြတ်သန်းသည် | भित्र पर्नु | යමක් පසුකර යනවා

低 テイ
てい か
低下する
menurun, jatuh | ကျဆင်းသည် | कम हुनु, गिराउनु | කඩා වැටෙනවා

弟 デ
てし
弟子
murid | တပည့် | छात्र | ගෝලයා / සිසුවා

転 ころ-がる
ころ
転がる
jatuh, menggelinding | လိမ့်သည် | फेरी फर्काउनु, रोल | කැරකෙනවා

ころ-がす
ころ
転がす
menjatuhkan | လှိမ့်သည် | फेरी फर्काउनु, रोल | කරකවනවා

ころ-ぶ
ころ
転ぶ
jatuh | လဲကျသည် | गिर्नु | වැටෙනවා

田 ∞
いなか
田舎
kampung halaman | တောရွာ | गाउँ | ගම්බද

都 みやこ
みやこ
都
ibu kota | မြို့တော် | नगर | අගනුවර, නගරය

度 たび
たび
～度
～kali | ～တိုင်း (အကြိမ်တိုင်း) | पटक | ඔනෑම අවස්ථාවක, සෑම අවස්ථාවකම

答 トウ
かい とう
回答
jawaban | အဖြေ | उत्तर | පිළිතුර

頭 ズ
ず つう
頭痛
sakit kepala | ခေါင်းကိုက်ခြင်း | टाउको दुखाइ | හිසරදය

トウ
とう
～頭
ekor (binatang besar) | - ကောင် (တိရိစ္ဆာန်အကောင်ကြီးများရေတွက်ပုံ) | मानिसहरूको संख्या | විශාල සතුන් ගණන් කරන ආකාරය

同 ドウ
どう じ
同時に
bersamaan | တစ်ပြိုင်နက်တည်း | एकै समयमा | එකම අවස්ථාවේ

動 うご-かす
うご
動かす
menggerakkan | ရွှေ့သည် | हल्लाउनु,चल्नु | චලනය කරනවා

働 ドウ
ろうどう
労働
kerja | လုပ်အား | श्रम | වැඩ, ශ්‍රමය

売

バイ

売店（ばいてん）
kios, warung | အရောင်းဆိုင် | दुकान | කුඩා කඩයක්

う-れる

売れる（う）
terjual, laku | ရောင်းရသည် | बिक्नु | විකුණනවා

飯

めし

飯（めし）
nasi, makanan | ထမင်း | भात | බත්, ආහාර වේල

文

モン

注文する（ちゅうもん）
memesan | မှာသည် | अर्डर गर्नु | ඇණවුම් කරනවා

便

たよ-り

便り（たよ）
surat | စာ | पत्र | ලිපිය

方

○○

行方（ゆくえ）
keberadaannya | သွားရာနေရာ | ठेगाना | යමෙකුගේ තොරතුරු

妹

マイ

姉妹（しまい）
sodara perempuan | ညီအမ | बहिनीहरू | සහෝදරියෝ

明

ミョウ

明後日（みょうごにち）
lusa | သဘက်ခါ | पर्सी | අනිද්දා

あ-かり

明かり（あ）
penerangan, lampu | အလင်းရောင် | प्रकाश | ආලෝකය

あき-らか

明らか（あき）
jelas | သိသာထင်ရှားစွာ | स्पष्ट | පැහැදිලි

あ-くる

明くる（あ）
terang | နောက်လာမည့် | बिहानी | උදාවෙනවා, පසුදා

あ-ける

明け方（あ・がた）
pajar | အရုဏ်တက်ချိန် | बिहान,प्रभात | අලුයම

明ける（あ）
menyingsing | အစပြုသည်၊ ပြီးဆုံးသည် | शुरु हुनु, समाप्त हुनु | ආරම්භ වෙනවා, අවසන් වනවා

問

と-い

問い（と）
pertanyaan | မေးခွန်း | प्रश्न | ප්‍රශ්න

問い合わせ（と・あ）
minta informasi | စုံစမ်းမေးမြန်းခြင်း | जांच ,सोधपुछ | විමසීම

と-う

問う（と）
bertanya | မေးမြန်းသည် | प्रश्न गर्नु,सोध्नु | ප්‍රශ්න කරනවා / විමසනවා

夜

よ

夜明け（よ・あ）
dini hari | အရုဏ်တက်ချိန် | प्रातकाल | රාත්‍රිය පහන් වී හිරු උදා වෙනවා

野

の

野（の）
padang | ကွင်းပြင် | क्षेत्र | ගොවි බිම

薬

ヤク

薬品（やくひん）
obat-obatan | ဆေးပစ္စည်း | औषधि | ඖෂධ

有

ウ

有無（うむ）
ada atau tidak | ရှိမရှိ | उपस्थिति वा अनुपस्थिति | තිබීම හෝ නොතිබීම / ඇති හෝ නැති බව

用

もち-いる

用いる（もち）
menggunakan | အသုံးပြုသည် | प्रयोग गर्नु | භාවිතා කරනවා

旅

たび

旅（たび）
perjalanan | ခရီး | यात्रा | චාරිකාව

力

リョク

学力（がくりょく）
kemampuan akademik | ပညာစွမ်းရည် | शैक्षिक क्षमता | ඥානය

林

リン

山林（さんりん）
gunung dan hutan | တောင်နှင့်သစ်တော | हिउँ र वन,पहाडी जंगल | කඳු සහ වනාන්තර

初級(しょきゅう)レベルの 漢字・3

押 **お-さえる** 押(お)さえる
menahan | ဖိနှိပ်သည် | पकड्नु, थिची राखनु |
යමක් තතර කරනවා

降 **コウ** 下降(かこう)する
turun | အောက်ကျသည် | अवतरण, जानु |
පහළ බසිනවා

お-ろす 降(お)ろす
menurunkan | အောက်ချသည် | तल उतार्नु |
බසිනවා

座 **ザ** 座席(ざせき)
tempat duduk | ထိုင်စရာနေရာ | सिट | ආසනය

酒 **シュ** 日本酒(にほんしゅ)
sake | ဆာကေး (ဂျပန်အရက်၊ ဝိုင်) |
जापानी खातिर, साके |
සකෙ (ජපන් සහල් වලින් සාදනු ලබන වයින්)

さか 酒屋(さかや)
toko minuman keras | အရက်ဆိုင် | रक्सी पसल |
මත්පැන් අලෙවිසැල

寝 **シン** 寝台(しんだい)
tempat tidur | အိပ်ယာ | ओछ्यान | ඇඳ

全 **まった-く** 全(まった)く
terlalu, semua | လုံး၀ | बिल्कुल, पूर्णरूपमा |
කිසිසේත්ම, සම්පූර්ණයෙන්ම

内 **うち** 内側(うちがわ)の
bagian dalam | အတွင်းဘက် | भित्रको |
ඇතුල් පැත්ත

閉 **ヘイ** 閉会(へいかい)する
menutup | အခမ်းအနားရုပ်သိမ်းသည် |
समापन गर्नु | අවසන් කරනවා (රැස්වීමක්)

と-じる 閉(と)じる
menutup | ပိတ်သည် | बन्द गर्नु | වසනවා

米 **ベイ** 欧米(おうべい)
Eropa dan Amerika | ဥရောပနှင့်အမေရိကား |
युरोप र अमेरिका | යුරෝපය සහ ඇමරිකාව

カタカナ＝音読み　ひらがな＝訓読み　＊＝特別な読み

く-る	来	54	さかな	魚	90	ショウ	小	106	ツイ	人	106
くるま	車	29	さき	先	66	ショウ	正	109	タイ	台	186
くろ	黒	44	サク	作	190	ジョウ	上	32	ダイ	弟	62
くろ-い	黒	44	さけ	酒	88	ジョウ	場	153	ダイ	大	106
			さむ-い	寒	112	じょうず*	上手	32,170	ダイ	代	138
け			サン	三	38	ショク	食	86	ダイ	台	186
ケイ	計	136				し-る	知	191	ダイ	題	192
けさ*	今朝	72,74	**し**			しろ	白	44	たか-い	高	106
ゲツ	月	50	シ	子	28	しろ-い	白	44	タク	度	98
ケン	見	86	シ	四	38	シン	真	93	タク	濯	122
ケン	研	120	シ	仕	64	シン	新	108	た-す	足	171
ケン	県	164	シ	市	166	シン	親	118	だ-す	出	184
ケン	験	192	シ	止	181	シン	心	176	ただ-しい	正	109
ゲン	元	116	シ	使	190	ジン	人	28	た-つ	立	96
			シ	試	192				た-てる	立	96
こ			ジ	事	64	**す**			た-てる	建	152
こ	子	28	ジ	時	70	ズ	図	154	たの-しい	楽	91
こ	小	106	ジ	字	102	スイ	水	50	たの-しむ	楽	91
ゴ	五	39	ジ	地	157	す-く	好	35	た-べる	食	86
ゴ	午	70	ジ	自	182	すく-ない	少	108	た-りる	足	171
ゴ	後	71	した	下	32	すこ-し	少	108	ダン	男	28
ゴ	語	98	シチ	七	40	す-む	住	166			
コウ	行	54	シツ	質	120	すわ-る	座	96	**ち**		
コウ	高	106	シツ	室	154				チ	地	157
コウ	工	152	ジッ	十	41	**せ**			チ	知	191
コウ	校	154	しな	品	194	セ	世	162	ちい-さい	小	106
コウ	口	172	し-ぬ	死	177	セイ	生	65	ちか-い	近	156
ゴウ	号	186	し-まる	閉	143	セイ	西	160	ちから	力	173
ゴウ	合	193	し-める	閉	143	セツ	切	118	ちち	父	60
こえ	声	174	シャ	車	29	セツ	説	197	チャ	茶	88
コク	国	162	シャ	社	66	セン	千	42	チュウ	中	32
ここの	九	40	シャ	写	92	セン	先	66	チュウ	注	122
ここの-つ	九	40	シャ	者	174	セン	洗	122	チョウ	長	110
こころ	心	176	シュ	主	63	ゼン	前	70	チョウ	町	166
こた-え	答	96	シュ	手	170	ゼン	全	196			
こた-える	答	96	シュウ	週	53				**つ**		
こと	事	64	シュウ	習	100	**そ**			ツ	都	164
こと	言	136	ジュウ	中	32	ソウ	送	101	ついたち*	一日	38,52
ことし*	今年	74	ジュウ	十	41	ゾク	族	60	ツウ	通	184
こめ	米	30	ジュウ	住	166	そと	外	162	つか-う	使	190
コン	今	74	シュツ	出	184	そら	空	196	つき	月	50
			ショ	書	97				つ-く	着	185
さ			ショ	所	167	**た**			つく-る	作	190
サ	茶	88	ジョ	女	28	た	田	30	つよ-い	強	57
サイ	菜	176	ショウ	生	65	タイ	待	98			

217

もり	森	34		わ-かる	分	70
モン	問	120		わか-れる	別	141
モン	門	142		わたくし	私	60
				わたし	私	60
や				わる-い	悪	113
ヤ	夜	77				
ヤ	野	176				
や	屋	156				
やおや*	八百屋	40,42				
やす-い	安	107				
やす-む	休	34				
やっ-つ	八	40				
やま	山	30				

ゆ

ユウ	有	116
ゆう	夕	74

よ

よ	四	38
ヨウ	曜	52
ヨウ	洋	136
ヨウ	用	195
よう	八	40
よっ-つ	四	38
よ-む	読	96
よる	夜	77
よわ-い	弱	111
よん	四	38

ら

ライ	来	54

り

リ	利	118
リ	理	194
リョ	旅	123
リョウ	料	194

ろ

ロク	六	40

わ

ワ	話	98
ワ	和	137

語彙索引

著 者

佐藤 尚子（さとうなおこ）（元千葉大学大学院国際学術研究院教授）

佐々木 仁子（ささきひとこ）（元千葉大学国際教育センター非常勤講師）

インドネシア語翻訳 ● Dedi Sutedi, Sri Budi Lestari（128〜129ページ）

ミャンマー語翻訳 ● Chit Su Wai（Clover Mandalay Co.,Ltd）

ネパール語翻訳 ● Madhu Pokharel（मधु पोखरेल）

シンハラ語翻訳 ● Chamali Athukorala

イラスト ● 花色木綿

装幀 ● 梅田綾子

DTP ● 梅田綾子、山田恵（リンガル舎）

DTP 協力 ● プレアデス

校閲 ● 村上充

留 学生のための 漢字の教科書 初級 300 インドネシア語・ミャンマー語・ネパール語・シンハラ語 版

ISBN978-4-336-07585-7

2024 年 2 月 10 日 初版第 1 刷 発行
2024 年 5 月 1 日 初版第 2 刷 発行

著 者 佐藤 尚子
　　　　佐々木 仁子

発行者 佐藤 今朝夫

発行所 国書刊行会

〒 174-0056 東京都板橋区志村 1-13-15
TEL.03-5970-7421 FAX.03-5970-7427
https://www.kokusho.co.jp

印刷 株式会社 シナノパブリッシングプレス 製本 株式会社 村上製本所